新民 要点解説

JN044444

● 新旧条文対照表付 ●

法曹親和会

民法改正プロジェクトチーム 編

編集代表　弁護士　児 玉 隆 晴
弁護士　伊 藤　　元

信山社

はしがき

　東京弁護士会法曹親和会においては，同会が 2009 年に設置した民法改正プロジェクトチーム（以下「当チーム」という。）のメンバーが中心となって，債権法改正について検討を重ねてきた。

　そして，当チームは，民法（債権関係）改正に関する中間的な論点整理及び中間試案に対する各パブリックコメントに際し，積極的に意見発信してきた。

　このような活動もあってか，2017 年 5 月に成立した新民法（債権法）は，多くの部分で，当チーム始め実務家の意見に配慮した内容のものとなったと思われる。

　そこで，当チームは，新民法について，いち早く実務家の皆様にその要点を知っていただくために，同年 7 月に本書の前身となる解説書籍を信山社から発刊した。

　それ以来，2 年半余りが経過したが，この間，法務省の改正担当者が執筆した「一問一答　民法（債権関係）改正」や「定型約款の実務Ｑ＆Ａ」（いずれも商事法務，2018 年）及び「Ｑ＆Ａ　改正債権法と保証実務」（金融財政事情研究会，2019 年）など，多くの著作物が公刊され議論が深まってきている。もっとも，これらは，いずれも内容が豊富で分量も相当程度であるため，これから本格的に新民法の習得に取り組もうとされている方にとっては，実務上注意すべき点が何かが分かりにくい状況となっている。

　そこで，本年 4 月 1 日の施行を目前にし，実務家にとって重要な部分について最新の議論をも紹介して新民法を解説するべく，本書を出版することとした。すなわち，本書は，前著作のスタイルを踏襲し，論点ごとに新旧条文を比較対照のうえ，その改正要旨について簡潔に記載しているが，多くの主要論点（消滅時効，債務不履行による損害賠償，契約の解除，保証債務，定型約款，売買，請負など）について，前著作の内容を見直している。

なお，あわせ，経過措置についても本文中で解説し，巻末にも新法適用の基準時を示した一覧表を掲載している。

　それ故，本書は，限られた時間の中で新民法の要点を押さえていただくのに最も適したものであると考える。

　本書が，皆様の今後の実務に役立つものとなれば，真に幸いである。

　2020 年 2 月

東京弁護士会法曹親和会
民法改正プロジェクトチーム
編集代表・弁護士　児 玉 隆 晴

本書の記載方法

1　今回の改正の対象となった民法の条文を「旧法」と表示し，改正後の民法の条文を「新民法」と表示し，改正の前後を通じ変更されなかった民法の条文を単に「民法」と表示している。
2　条文ごとに冒頭にて，＜全面改正＞，＜新設＞，＜一部改正＞の区別をしている。ただし，その区別は相対的なものであるので，詳しくは解説を参照されたい。なお，一部改正のみ，改正部分をアンダーラインで示している。
3　文献，判例集等の略称については下記を参照されたい。

記

（文献）

部会資料 1 ～ 88 － 2
　　法制審議会民法（債権関係）部会資料 1 から 88 － 2 まで

第 1 回〜第 99 回部会議事録
　　法制審議会民法（債権関係）部会第 1 回から第 99 回までの議事録
　　※いずれも法務省のウェブサイトにて公開されている

中間試案補足　民法（債権関係）改正に関する中間試案の補足説明（商事法務，2013 年）
一問一答　法務省大臣官房審議官・筒井健夫・村松秀樹「一問一答・民法（債権関係）改正」（商事法務，2018 年）
定型約款の実務　村松秀樹・松尾博憲「定型約款の実務Ｑ＆Ａ」（商事法務，2018 年）
Ｑ＆Ａ保証実務　筒井健夫・村松秀樹・脇村真治・松尾博憲「Ｑ＆Ａ改正債権法と保証実務」（商事法務，2019 年）
潮見改正法概要　潮見佳男「民法（債権関係）改正の概要」（きんざい，2017 年）

（判例集・雑誌）

民　録　　大審院民事判決録
民　集　　大審院民事判例集／最高裁判所民事判例集

集　民　　最高裁判所裁判集民事
判　時　　判例時報
判　タ　　判例タイムズ

目　　次

は　し　が　き

第1　意 思 能 力 ……………………………………………………3

第2　意 思 表 示 ……………………………………………………5

第3　代　　　理 ……………………………………………………12

第4　債権の消滅時効 ……………………………………………15

第5　法 定 利 率 ……………………………………………………32

第6　債務不履行による損害賠償 ……………………………38

第7　契 約 の 解 除 …………………………………………………45

第8　危 険 負 担 ……………………………………………………49

第9　債権者代位権 ………………………………………………54

第10　詐害行為取消権 ……………………………………………58

第11　多数当事者（保証債務を除く） ………………………68

第12　保 証 債 務 ……………………………………………………73

第13　債 権 譲 渡 ……………………………………………………93

第14　弁　　　済 ……………………………………………………101

第15　相　　　殺 ……………………………………………………106

第16　定 型 約 款 ……………………………………………………111

第17　売　　　買 ……………………………………………………122

第18　消 費 貸 借 ……………………………………………………131

第19　賃　貸　借 ……………………………………………………135

第20　請　　　負 ……………………………………………………144

第21　委　　　任 ……………………………………………………153

第22　寄　　　託 ……………………………………………………157

第23　組　　　合 ……………………………………………………160

（参考）経過措置一覧表 ……………………………………………166

　　　　民法の一部を改正する法律案に対する附帯決議（参議院） ………………183

　　　　民法の一部を改正する法律案に対する附帯決議（衆議院） ………………186

あ　と　が　き（189）

執筆者（五十音順，＊は編集代表）

池 田 竜 郎（日比谷ステーション法律事務所）
　　　担当箇所：寄託，組合

＊伊 藤　　元（I＆U法律事務所）
　　　担当箇所：債権譲渡，弁済，相殺

岩 本 康一郎（ライツ法律特許事務所）
　　　担当箇所：請負，委任

上 芝 直 史（五十嵐・渡辺・江坂法律事務所）
　　　担当箇所：意思表示，代理

木 村 真理子（ときわ法律事務所）
　　　担当箇所：債権者代位権，詐害行為取消権，多数当事者，保証

＊児 玉 隆 晴（弁護士法人千代田オーク法律事務所）
　　　担当箇所：定型約款

後 藤 健 夫（菊地真治法律事務所）
　　　担当箇所：意思能力

中 島 龍 生（千代田・中島法律事務所）
　　　担当箇所：債権の消滅時効

中 本 純 志（大西清法律事務所）
　　　担当箇所：法定利率，債務不履行による損害賠償，契約の解除，危険負担

渡 辺 昇 一（ライツ法律特許事務所）
　　　担当箇所：売買，消費貸借，賃貸借

新民法（債権法）の要点解説

● 新旧条文対照表付 ●

第1　意 思 能 力

新民法条文	旧法条文
第2節　意思能力 第3条の2　＜新設＞ 　法律行為の当事者が意思表示をした時に意思能力を有しなかったときは，その法律行為は，無効とする。	なし

1　改正の方向性

　意思能力を欠く状態で行われた法律行為の効力が否定されるべきことは，判例・学説上，異論がないところであるが，旧法は，その旨を明らかにする規定を置いていなかった。

　近時，高齢化社会の進展などに伴い判断能力が十分でない者が有する財産に関し取引上のトラブルが生じることは少なくなく，意思能力の有無等が争点となる事例も散見されることから，意思能力についての明文規定を設けることとした。

2　改正の要点

1)　意思能力を欠く状態で行われた法律行為について判例は無効としているところ，一般に，この無効とは意思無能力者の側からのみ主張することができるもの（相対的無効）であると解されている。このことから，この相対的無効という効果が取消しと変わりがないことを指摘して，意思能力を欠く状態で行われた法律行為について取り消しうるとすべきであるという考え方が提示されていた。

　　しかし，無効ではなく取消し可にすぎないものとすれば，意思無能力者について後見人が選任されるまでは取消権者が存在しないことになり，その意

思無能力者の財産が他者に移転されて奪われるおそれがある場合にその近親者等が無効を主張してこれを防ぐということができなくなる。そこで，意思無能力者の保護の観点から，無効と規定することとした。

このため，制限行為能力者が意思能力を欠く状態で行った法律行為は，行為能力の制限を理由として取り消すことができるとともに，意思能力を欠いたことを理由として無効を主張することができることになる。

2) 意思能力の定義について

今回の改正の議論の過程では，意思能力の定義について，「事理を弁識する能力」や，「法律行為をすることの意味を弁識する能力」とすべきであるという考え方が提示されており，中間試案の段階では「法律行為の時に，その法律行為をすることの意味を理解する能力」とされていた。確かに，分かりやすい民法の実現という観点からは，定義規定を設けることが望ましい。

しかし，意思能力を欠く状態でされた法律行為は無効であるとした判決（大判明治38.5.11. 民録11輯706頁）は特に定義することなく「意思能力」という文言を用いており，その後の裁判例等においても「意思能力」という文言が定着しているとされている。また，理論的には，意思能力の判断に当たって，精神上の障害という生物学的要素と合理的に行為をする能力を欠くという心理学的要素の双方を考慮するか，あるいは心理学的要素のみを考慮するかなどについて見解が分かれていることから，意思能力の具体的な内容については引き続き解釈に委ねるのが相当と考えられ，特別の規定を設けないこととした。

3) 経過措置について

本規定は，施行日前にされた意思表示については，適用されない（附則2条）。

第 2 意 思 表 示

新民法条文	旧法条文
（錯誤） 第95条 ＜全面改正＞ 　1　意思表示は，次に掲げる錯誤に基づくものであって，その錯誤が法律行為の目的及び取引上の社会通念に照らして重要なものであるときは，取り消すことができる。 　⑴　意思表示に対応する意思を欠く錯誤 　⑵　表意者が法律行為の基礎とした事情についてのその認識が真実に反する錯誤 　2　前項第2号の規定による意思表示の取消しは，その事情が法律行為の基礎とされていることが表示されていたときに限り，することができる。 　3　錯誤が表意者の重大な過失によるものであった場合には，次に掲げる場合を除き，第1項の規定による意思表示の取消しをすることができない。 　⑴　相手方が，表意者に錯誤があることを知り，又は重大な過失によって知らなかったとき。 　⑵　相手方が表意者と同一の錯誤に陥っていたとき。 　4　第1項の規定による意思表示の取消しは，善意でかつ過失がない第三者に対抗することができない。	（錯誤） 第95条 　意思表示は，法律行為の要素に錯誤があったときは，無効とする。ただし，表意者に重大な過失があったときは，表意者は，自らその無効を主張することができない。

改正の要点

1) **第1項について**

(1) 旧法95条の規律内容を基本的に維持しつつ，判例法理にしたがって，いわゆる要素の錯誤や動機の錯誤を規定上明確化した。その意味で全面改正となっている。

(2) 1項柱書では，錯誤による意思表示の効力が否定されるための要件の一つである要素の錯誤について，「錯誤に基づくものであって，その錯誤が法律行為の目的及び取引上の社会通念に照らして重要なものであるとき」と定めた。この改正は，要素の錯誤に当たるか否かの判断にあたっては錯誤と意思表示との主観的因果性及びその要素の客観的重要性によって判断するという判例法理の趣旨を反映させたものである。

(3) 1項柱書では，錯誤による意思表示の効果について，旧法95条を改め，取り消すことができるにとどまるものとした。この改正は，旧法95条が定めていた「無効」の意味について，判例が原則として表意者以外の第三者は錯誤無効を主張することができないとして相対的無効構成を採用しており（最判昭和40.9.10民集19巻6号1512頁），相手方が無効主張をすることができない点で，実際には取消しに近似していることを反映させたものである。

(4) 1項2号では，動機の錯誤について，規定を新設した上で，これを「表意者が法律行為の基礎とした事情についてのその認識が真実に反する錯誤」と定義した。この改正は，表意者の動機に錯誤があるケースについても一定の要件の下で意思表示の効力を否定する余地を認めてきた判例法理に従ったものである。

2) **第2項について**

(1) 動機の錯誤を理由とする意思表示の取消しが認められるための要件として，「その事情が法律行為の基礎とされていることが表示されていた」場合に限定している。

この文言は，従来の判例法理の内容をより具体的に表すという趣旨で

定められたものである。判例法理（最判平成元.9.14 判時 1336 号 93 頁など）
については，一般には「動機が表示されて法律行為の内容となったことを
要件としている」と理解されているが，中間試案では，ここでいう動機の
表示自体には特段の重要性はないとして，「法律行為の内容となった」こ
とのみを要件とする考え方が採用された（中間試案補足 13 頁参照）。しか
し，それでは錯誤の成立範囲が狭くなるのではないかとの疑問があった
（部会資料 86・7 頁参照）ため，新民法 95 条 2 項では，動機の表示ではなく，
「その事情が法律行為の基礎とされていることが表示されていた」ことを
要件としている。

　例えば，上記判例の「譲渡所得税が課せられないとの誤信を基に財産分
与をした」事例では，「財産分与に関する課税関係」という事情について
表意者が誤信し，これを前提として財産分与を行うことが表示されたこと
により，「その事情が法律行為の基礎とされていることが表示されていた」
という要件を充足することになる。したがって，動機の錯誤を理由とする
取消しが認められるためには，その事情が法律行為の前提とされているこ
とが必要であって，本項の法律行為の「基礎」とは法律行為の「前提」を
意味し，そのような「前提」となっていることが表示されていることが要
求されていると解される。

　上記事例と異なり，「譲渡所得税が課されない」との誤信はあったもの
の，その課税いかんにかかわらず財産分与をしたというような事例では，
「財産分与に関する課税関係」という事情は法律行為の基礎ないし前提と
されておらず，かつ，その表示もされていないので，動機の錯誤による取
消しは認められないこととなる。

⑵　なお，中間試案の段階で検討されていた惹起型錯誤（相手方が事実と異
なる表示をしたことによって表意者の錯誤が惹起されたケース）に関する規律
を明文化することは見送られた。もっとも，中間試案でこのような提案が
なされたのは，下級審において「惹起型錯誤のケースを，動機の錯誤で救
済している事案」が多くみられること（山本敬三「『動機の錯誤』に関する
判例の状況と民法改正の方向（下）」NBL1025 号 37 頁以下参照）から，これ

を明文化して分かりやすくするためであった。新民法95条はこのような裁判例自体を否定する趣旨ではない（部会資料83－2・3頁）。それ故，惹起型錯誤のケースであっても，動機の錯誤による取消しによって表意者保護を図る余地は十分に残されている。

3）　**第3項**について

重過失のある表意者には錯誤の主張を許さない旧法95条ただし書を維持しつつ，その例外として，(1)相手方が表意者の錯誤があることを知り又は知らないことに重過失がある場合，並びに(2)いわゆる共通錯誤の場合には，重過失のある表意者にも錯誤の主張を許すこととした。例外を設けた理由は，上記(1)及び(2)の場合には，相手方には保護に値する信頼がないために，表意者の錯誤主張を制限する必要がないからである。

これまでの裁判例では表意者の重過失の有無が争点となることが少なくなかったのであり，今後の実務においては，表意者のみならず相手方の重過失の有無が争点化することが予想される。

4）　**第4項**について

錯誤による意思表示を前提として新たな法律関係に入った第三者の保護規定を新設した。自ら錯誤に陥った者に比べて詐欺によって意思表示をした者の方が帰責性は小さく要保護性が高いにもかかわらず，第三者が現れた場合には錯誤に基づく意思表示をした者により厚い保護が与えられることになるのは不都合である。そこで，かかる不均衡を是正すべく，旧法96条3項を類推適用すべきだとしていた従来の解釈論を採用したものである。

すなわち，保護される第三者には保護に値するだけの正当な信頼が必要であることを理由として，保護要件として善意のみならず無過失であることを要求した。

5）　**経過措置**について

施行日前にされた意思表示については，なお従前の例による（附則6条1項）。

新民法条文	旧法条文
（詐欺又は強迫） 第 96 条　＜一部改正＞ 　1　［改正なし］ 　2　相手方に対する意思表示について第三者が詐欺を行った場合においては，相手方がその事実を<u>知り，又は知ることができた</u>ときに限り，その意思表示を取り消すことができる。 　3　前 2 項の規定による詐欺による意思表示の取消しは，<u>善意でかつ過失がない</u>第三者に対抗することができない。	（詐欺又は強迫） 第 96 条 　1　詐欺又は強迫による意思表示は，取り消すことができる。 　2　相手方に対する意思表示について第三者が詐欺を行った場合においては，相手方がその事実を<u>知っていた</u>ときに限り，その意思表示を取り消すことができる。 　3　前 2 項の規定による詐欺による意思表示の取消しは，<u>善意の</u>第三者に対抗することができない。

改正の要点

1）第 2 項について

　　第三者による詐欺を理由とする取消しを許すための要件として，相手方が悪意の場合のみならず，相手方に過失がある場合を加えた。相手方にはその信頼が保護に値するものであること，すなわち相手方が無過失であることが必要であるという考えを採用したものである。

2）第 3 項について

　　詐欺による意思表示を前提として新たに法律関係に入った第三者が保護されるための要件について，第三者の善意に加えて無過失を要求した。第三者の信頼は保護に値するものでなければならないとする解釈論を採用したものである。

3) 経過措置について

施行日前にされた意思表示については，なお従前の例による（附則6条1項）。

新民法条文	旧法条文
（意思表示の効力発生時期等） 第97条 ＜一部改正＞ 　1　意思表示は，その通知が相手方に到達した時からその効力を生ずる。 　2　相手方が正当な理由なく意思表示の通知が到達することを妨げたときは，その通知は，通常到達すべきであった時に到達したものとみなす。 　3　意思表示は，表意者が通知を発した後に死亡し，意思能力を喪失し，又は行為能力の制限を受けたときであっても，そのためにその効力を妨げられない。	（隔地者に対する意思表示） 第97条 　1　隔地者に対する意思表示は，その通知が相手方に到達した時からその効力を生ずる。 　2　隔地者に対する意思表示は，表意者が通知を発した後に死亡し，又は行為能力を喪失したときであっても，そのためにその効力を妨げられない。

改正の要点

1) 第1項について

意思表示の効力発生時期について到達主義を採用している旧法97条1項の規律を，隔地者以外にも拡張した。この到達主義については，隔地者間か否かに関わらず，相手方がある意思表示一般に適用されるという通説に従ったものである。

また，同項の「到達」の意味については，現実に了知されることまでは要せず，相手方又は相手方のために意思表示を受領する権限を有する者が了知可能な状態に置かれれば足りるとした判例（最判昭和43.12.17民集22巻13号2998頁など）があり，これを明文化することも検討されたが，見送られている。もっとも，これは「了知又は了知可能」という概念が分かりにくいとされたためであり（部会資料66A・7頁），この判例の考え方自体を否定するものではない。

　ただし，現代では従来の郵便による方法以外にも電子的な手段を含む多様
な通信手段が利用されており，今後も新しい通信手段が現れることが予想さ
れることからすれば，どのような客観的事情があれば上記の意味の「到達」
を認定することができるのかが，これからの実務的な関心事になるものと思
われる。

　なお，旧法 526 条 1 項（隔地者間の契約の成立時期についての発信主義）は，
到達主義の原則に反し，かつ，通信手段が発達した現代では承諾についての
み発信主義を採用する理由がないことから，削除された。

2）第 2 項について

　上記の意味での「到達」が認められない場合であっても，不到達の原因
が「相手方が正当な理由なく意思表示の通知が到達することを妨げた」こと
にある場合には，到達を擬制することとした。従来の判例（最判平成 10.6.11
民集 52 巻 4 号 1034 頁）を踏まえた新設規定である。

3）第 3 項について

　意思表示の発信後に表意者の事情に変化があったとしても，当該意思表示
の効力が影響を受けない場合として，表意者が「死亡」した場合のみならず，
「意思能力を喪失」した場合を加えた。

　また，旧法 97 条 2 項の「行為能力を喪失したとき」という文言について
は，成年後見の開始のみならず，補佐や補助の開始もこれに含まれることを
明らかにするために，「行為能力の制限を受けたとき」に改めた。

4）経過措置について

　施行日前に意思表示の通知が発せられた場合については，なお従前の例に
よる（附則 6 条 2 項）。

第3 代 理

新民法条文	旧法条文
（代理権の濫用） 第 107 条　＜新設＞ 　代理人が自己又は第三者の利益を図る目的で代理権の範囲内の行為をした場合において，相手方がその目的を知り，又は知ることができたときは，その行為は，代理権を有しない者がした行為とみなす。	なし

改正の要点

１）　本条について

　　代理人が，自己又は第三者の利益を図る目的で代理権の範囲内の行為をする類型（代理権の濫用）について規律を新設した。

　　まず，代理権の濫用による代理行為の効果が本人に帰属しないこととなるための要件として，濫用目的に関する相手方の悪意又は過失を要求している。代理権を濫用した代理行為の効果を否定するのが相当であると考えられる事案において，旧法 93 条ただし書を類推適用し，当該濫用行為について相手方が代理人の目的を知り又は知ることができたときに，その代理行為の効果を否定した判例（最判昭和 42. 4. 20 民集 21 巻 3 号 697 頁など）があるところ，要件についてはこれに準拠したものである。

　　これに対し，代理行為の効果については，これを無効とする判例法理とは異なり，無権代理とみなしている。これは，自己契約や双方代理及び利益相反行為と同様に，無権代理と扱うことで，本人による追認や代理人に対する責任追及が可能となり，より柔軟な解決が可能となることを考慮したものである。

2)　経過措置について

施行日前に代理権の発生原因が生じた場合におけるその代理については，なお従前の例による（附則 7 条 1 項）。

もっとも，本条の定めのうち，当該濫用行為について相手方が代理人の目的を知り又は知ることができたことを要求した点については，上述したように，旧法下における判例法理に準拠したものであるから，新民法と旧法のいずれが適用されるのかによって，結論に差異は生じない。

ただし，代理権濫用による代理行為の効果については，経過措置の定めにより従前の例による場合には，旧法下の判例法理にしたがって無効として扱うことになると解される。それ故，代理権の発生原因が施行日前に生じたか否かによって差異が生じることになると思われる。

新民法条文	旧法条文
（自己契約及び双方代理等） 第 108 条　＜一部改正＞ 　1　同一の法律行為について，相手方の代理人<u>として</u>，又は当事者双方の代理人と<u>してした行為は，代理権を有しない者がした行為とみなす。</u>ただし，債務の履行及び本人があらかじめ許諾した行為については，この限りでない。 　2　<u>前項本文に規定するもののほか，代理人と本人との利益が相反する行為については，代理権を有しない者がした行為とみなす。ただし，本人があらかじめ許諾した行為については，この限りでない。</u>	（自己契約及び双方代理） 第 108 条 　同一の法律行為については，相手方の代理人<u>となり</u>，又は当事者双方の代理人<u>となることはできない。</u>ただし，債務の履行及び本人があらかじめ許諾した行為については，この限りでない。

第3　代　理

改正の要点

1)　**第1項について**

　　自己契約及び双方代理の効果について，無権代理と扱うことを明確化した。自己契約及び双方代理はいずれも代理権の範囲内の行為ではあるものの，本人が追認の意思表示をしない限り，無権代理として本人には効果帰属しないとした判例法理（最判昭和47.4.4民集26巻3号373頁など）に従ったものである。

2)　**第2項について**

　　自己契約や双方代理には当たらなくとも，本人と代理人との利益が相反する行為については旧法108条の規律が及ぶという一般的な理解を明文化した。利益相反行為を自由に認めてしまうと本人に不利益を与える恐れが高いことを考慮したものである。

　　この点に関して，判例は，利益相反行為に該当するか否かは，代理行為の「行為自体を外形的客観的に考察して判定すべき」であるとしている（最判昭和42.4.18民集21巻3号671頁）が，本項はこの立場を前提とするものである。

　　ただし，本人と代理人との利益相反行為については，その態様・程度が様々であり，むしろ本人の利益に資することになるケースも想定されることから，本条項による規律の射程が，今後争点となる余地がある。

3)　**経過措置について**

　　施行日前に代理権の発生原因が生じた場合におけるその代理については，なお従前の例による（附則7条1項）。

　　もっとも，本条1項及び2項は，上述したように，それぞれ旧法下における判例法理及び一般的な理解を明文化したものであるから，新民法と旧法のいずれが適用されるのかによって，結論に差異は生じない（適用法令に差異はある）。

第4　債権の消滅時効

新民法条文	旧法条文
（債権等の消滅時効） 第166条　＜全面改正＞ 　1　債権は，次に掲げる場合には，時効によって消滅する。 ⑴　債権者が権利を行使することができることを知った時から5年間行使しないとき。 ⑵　権利を行使することができる時から10年間行使しないとき。 　2　債権又は所有権以外の財産権は，権利を行使することができる時から20年間行使しないときは，時効によって消滅する。 　3　前2項の規定は，始期付権利又は停止条件付権利の目的物を占有する第三者のために，その占有の開始の時から取得時効が進行することを妨げない。ただし，権利者は，その時効を更新するため，いつでも占有者の承認を求めることができる。 ＊この改正に伴い商法第522条を削除するものとする。	（消滅時効の進行等） 第166条 　1　消滅時効は，権利を行使することができる時から進行する。 　2　前項の規定は，始期付権利又は停止条件付権利の目的物を占有する第三者のために，その占有の開始の時から取得時効が進行することを妨げない。ただし，権利者は，その時効を中断するため，いつでも占有者の承認を求めることができる。 （債権等の消滅時効） 第167条 　1　債権は，10年間行使しないときは，消滅する。 　2　債権又は所有権以外の財産権は，20年間行使しないときは，消滅する。

1　改正の方向性

　旧法170条から174条までの短期消滅時効制度については，多数の時効の種類が存在し，債権管理が煩雑であるとともに，果たしてその区分に明確性，合

理性があるかという疑問も生じていた。そこで，短期消滅時効制度を廃止することを前提に，さらに原則的な時効期間を単純化・統一化するための改正が検討された。

　この点，原則的には，旧法の10年間の消滅時効期間は長期にすぎるため短縮すべきであるとの考え方を基本としつつも，一律に時効期間を短期化すると不都合な場合があるとの考え方にも配慮し，2つの時効起算点と時効期間を併用することとなった。なお，売買，請負においては別途に短期の期間制限の制度が設けられたが，この点については売買，請負の項を参照されたい。

2　改正の要点

1）　第166条第1項について

　旧法の「権利を行使することができる時」という起算点から10年間とする制度を維持（2号）しつつ，「債権者が権利を行使することができることを知った時」という主観的起算点から5年間という制度（1号）を新たに設けた。そして，同項本文は，このうちいずれか早いほうの時効期間が満了した時に時効が完成するものとした。

　この点，契約にもとづく債権（以下，「契約債権」という。）については，「権利を行使することができる時」（客観的起算点）と「権利を行使することができることを知った時」（主観的起算点）とが一致するのが通常であるので，個人間の消費貸借契約による金銭その他の目的物の返還請求権なども含めて，原則として主観的起算点から5年間の時効期間が適用されることになる。

　これに対して，不当利得返還請求権（過払金返還請求権など）や安全配慮義務違反に基づく損害賠償請求権などでは，必ずしも債権者が債権の発生あるいは損害の発生又は債務不履行と損害との因果関係を当初から認識しているわけではないことが多く，このような場合に，主観的起算点を抽象的な権利発生の認識時と捉えて5年間の時効期間により権利が消滅するとするのは妥当とは言えない。それ故，主観的起算点の「権利を行使することができることを知った時」の意味については，旧法724条の「損害及び加害者を知っ

た時」と同様の解釈（最判昭和 48.11.16 民集 27 巻 10 号 1374 頁など）が当て
はまるものと考えられ，具体的には「債務者に対する権利行使が事実上可能
な程度にこれを知った時」を意味すると解するのが妥当である。例えば安全
配慮義務違反による損害賠償請求権発生の有無は，被災者の職務内容，使用
者の安全管理体制その他の事情を総合的に判断して決するため，傷害の事実
を認識したことをもって直ちに「債権者が権利を行使することができること
を知った」とは判断できないとされている（一問一答 58 頁注 2。なお，後述す
る「人の生命又は身体の侵害による損害賠償請求権の消滅時効」は，債務不履行
による損害賠償請求権について客観的起算点から 20 年とする点での特例である）。

　また，客観的起算点に関する判例には，消滅時効の起算点は，単にその権
利の行使について法律上の障害がないというだけではなく，さらに「権利の
性質上，その権利行使が現実に期待することができるようになった時」を意
味する旨を判示したものがあり（最判平成 15.12.11 民集 57 巻 11 号 2196 頁な
ど），新民法においても，このような解釈が維持されるべきものと解される。

2）　商法第 522 条の削除について

　契約債権の消滅時効期間が通常は 5 年となり，別途商事債権の消滅時効制
度を維持する必要がなくなったために，商法 522 条は削除されることになっ
た。

3）　労働債権の消滅時効について

　短期消滅時効制度が廃止されて，契約債権の消滅時効期間が新民法 166 条
のとおりに改正されたことから，労働基準法の 2 年間の賃金請求権の消滅時
効についても，民法に合わせて改正を加える必要があるかどうかが厚生労働
省の労働政策審議会において検討されてきた。この度，賃金請求権について
も契約債権の消滅時効期間とのバランスを踏まえて消滅時効期間は 5 年間と
し，起算点については客観的起算点を維持するべきであるが，直ちに長期の
消滅時効期間を定めることの影響を慎重に検討するため，当分の間は 3 年間
の消滅時効期間とすることで，労使間で合意が形成され，厚生労働大臣に対
して建議された。それ以外の労働債権については，現行の消滅時効期間が維
持された。

4）経過措置について

　施行日前に債権が生じた場合（施行日以降に債権が生じた場合であって，その原因である法律行為が施行日前にされたときを含む）におけるその債権の消滅時効の期間については，なお従前の例による（附則 10 条 4 項）。当事者の予測可能性を保護する観点からこのような基準時としたものである。ただし，不法行為による損害賠償請求権については，附則 35 条により，後述のとおり経過措置が異なっているので，注意を要する。

　なお，賃金請求権にかかる労働基準法の改正案（消滅時効期間は 5 年としつつ，当面は 3 年）が，国会に上呈される予定であり，これが可決承認されると，施行日以後に賃金の支払い期日が到来した賃金請求権について改正労基法が適用される見込みである。

新民法条文	旧法条文
［削除］	（3 年の短期消滅時効） 第 170 条 　次に掲げる債権は，3 年間行使しないときは，消滅する。ただし，第 2 号に掲げる債権の時効は，同号の工事が終了した時から起算する。 　(1)　医師，助産師又は薬剤師の診療，助産又は調剤に関する債権 　(2)　工事の設計，施工又は監理を業とする者の工事に関する債権
［削除］	第 171 条 　弁護士又は弁護士法人は事件が終了した時から，公証人はその職務を執行した時から 3 年を経過したときは，そ

	の職務に関して受け取った書類について，その責任を免れる。
[削除]	**（2年の短期消滅時効）** **第172条** 　1　弁護士，弁護士法人又は公証人の職務に関する債権は，その原因となった事件が終了した時から2年間行使しないときは，消滅する。 　2　前項の規定にかかわらず，同項の事件中の各事項が終了した時から5年を経過したときは，同項の期間内であっても，その事項に関する債権は，消滅する。
[削除]	**第173条** 　次に掲げる債権は，2年間行使しないときは，消滅する。 　(1)　生産者，卸売商人又は小売商人が売却した産物又は商品の代価に係る債権 　(2)　自己の技能を用い，注文を受けて，物を製作し又は自己の仕事場で他人のために仕事をすることを業とする者の仕事に関する債権

	(3) 学芸又は技能の教育を行う者が生徒の教育，衣食又は寄宿の代価について有する債権
［削除］	**（1年の短期消滅時効）** **第174条** 　次に掲げる債権は，1年間行使しないときは，消滅する。 (1) 月又はこれより短い時期によって定めた使用人の給料に係る債権 (2) 自己の労力の提供又は演芸を業とする者の報酬又はその供給した物の代価に係る債権 (3) 運送賃に係る債権 (4) 旅館，料理店，飲食店，貸席又は娯楽場の宿泊料，飲食料，席料，入場料，消費物の代価又は立替金に係る債権 (5) 動産の損料に係る債権

改正の要点

　新民法166条の項で記載したように旧法170条から174条までの短期消滅時効制度については，多数の時効の種類が存在し債権管理が煩雑であるとともに，その区分が明確でないという問題があった。現代社会においてはもはやその区分に合理性があるとは言えないので，これらの短期消滅時効制度を廃止することとなった。

新民法条文	旧法条文
（人の生命又は身体の侵害による損害賠償請求権の消滅時効） 第167条　＜新設＞ 　人の生命又は身体の侵害による損害賠償請求権の消滅時効についての前条（債権等の消滅時効）第1項第2号の規定の適用については，同号中「10年間」とあるのは，「20年間」とする。	なし
（不法行為による損害賠償請求権の消滅時効） 第724条　＜一部改正＞ 　不法行為による損害賠償の請求権は，次に掲げる場合には，時効によって消滅する。 　(1)　被害者又はその法定代理人が損害及び加害者を知った時から3年間行使しないとき。 　(2)　不法行為の時から20年間行使しないとき。	（不法行為による損害賠償請求権の期間の制限） 第724条 　不法行為による損害賠償の請求権は，被害者又はその法定代理人が損害及び加害者を知った時から3年間行使しないときは，時効によって消滅する。不法行為の時から20年を経過したときも，同様とする。
（人の生命又は身体を害する不法行為による損害賠償請求権の消滅時効） 第724条の2　＜新設＞ 　人の生命又は身体を害する不法行為による損害賠償請求権の消滅時効についての前条第1号の規定の適用については，同号中「3年間」とあるのは，「5年間」とする。	なし

1　改正の方向性

　人の生命又は身体の侵害は，重大な法益侵害であることから，それに基づく

損害賠償請求権については通常の債権の消滅時効期間よりも長期の消滅時効期間を設けることとなった。

　また，安全配慮義務違反に基づく損害賠償請求権と，不法行為に基づく損害賠償請求権とが請求権競合となる場合があるにもかかわらず，いずれを選択するかにより時効期間が変わるとするのは妥当でないとの指摘があった。

　そこで，人の生命又は身体の侵害による損害賠償請求権について，新民法 166 条 1 項 2 号（客観的起算点から 10 年間）及び 724 条 1 号（主観的起算点から 3 年間）の各特則を設けて，これらを長期化し，かつ，人身損害の限度で債務不履行と不法行為に基づく損害賠償請求権の消滅時効の統一化を図った。なお，精神的に苦痛を受けたというにとどまらず，PTSD を発症した場合など精神的機能に障害が生じたと言える場合は，「身体の侵害による損害賠償請求権」に含まれるとされている（一問一答 61 頁）。

2 　改正の要点

1) 　第 167 条について

　人の生命又は身体の侵害による損害賠償請求権については，新民法 166 条 1 項 2 号の客観的起算点に基づく 10 年の時効期間について特則を設け，権利を行使することができる時から 20 年とした。なお，主観的起算点に基づく時効期間については特則が設けられていないため，新民法 166 条 1 項 1 号の規定どおり 5 年の消滅時効期間に服することになる。

　したがって，人の生命又は身体の侵害による損害賠償請求権については，客観的起算点に基づく消滅時効は現在の消滅時効期間（客観的起算点のみで一律 10 年）よりも債権者に有利となる半面，主観的起算点に基づく消滅時効期間は現在の消滅時効期間よりも債権者に不利となる場合がある。ただし，新民法 166 条の解説で述べたとおり，主観的起算点の解釈を判例法理に即して柔軟に行うことにより，債権者の利益に配慮することが可能である。

2) 　第 724 条について

　不法行為に基づく損害賠償請求権に関し，旧法下において，不法行為時か

ら 20 年の期間は除斥期間であるとする判例（最判平成元.12.21 民集 43 巻 12 号 2209 頁）もあったが，被害者救済にそぐわないとの批判があった。そこで，これと異なる判例（最判平成 21.4.28 民集 63 巻 4 号 853 頁）があったことも考慮し，これを消滅時効期間とした。

3）　第 724 条の 2 について

旧法では，生命又は身体の侵害か否かにかかわらず，不法行為に基づく損害賠償請求権の主観的起算点に基づく消滅時効期間は「損害及び加害者を知った時から 3 年間」とされていた。新民法は，上記 1 の趣旨から，損害及び加害者を知った時から 5 年間に長期化した。この規定と新民法 167 条の規定により，生命又は身体の侵害による損害賠償請求権については，不法行為に基づく損害賠償請求権も，安全配慮義務違反その他の債務不履行に基づく損害賠償請求権も，客観的起算点から 20 年，主観的起算点から 5 年という同一の時効期間に服することとなる。

4）　経過措置について

施行の際既に旧法 724 条後段に規定する期間（20 年）が経過していた場合には，なお従前の例による（附則 35 条 1 項）。したがって，新民法施行時に不法行為のときからすでに 20 年が経過していた場合には，上記の判例（平成元年）による限り，除斥期間の経過として損害賠償請求権が消滅することとなるものと考えられる。しかし，逆に施行時に 20 年が経過していない場合には新民法が適用され，その期間は時効期間となり，時効の更新や猶予等の措置を取ることが可能となる。

また，新民法 724 条の 2 の規定は，施行の際既に旧法 724 条前段に規定する時効が完成していた場合については適用しないとされている（附則 35 条 2 項）。それ故，生命・身体に対する不法行為による損害賠償請求権においても施行時に旧法に基づく 3 年の時効が完成していれば，それによって損害賠償請求権は消滅することになる。しかし，逆に不法行為の時点に関わらず，施行時に 3 年の時効が完成していなければ新民法の 5 年の消滅時効期間が適用されることになる。

これらの経過措置は，不法行為の被害者を新民法による長期の時効期間に

よってできるだけ保護する意図に基づくものであり，安全配慮義務違反その他債務不履行に基づく損害賠償請求権とは異なることとなる。

新民法条文	旧法条文
（協議を行う旨の合意による時効の完成猶予） 第151条　＜新設＞ 　1　権利についての協議を行う旨の合意が書面でされたときは，次に掲げる時のいずれか早い時までの間は，時効は，完成しない。 　⑴　その合意があった時から1年を経過した時 　⑵　その合意において当事者が協議を行う期間（1年に満たないものに限る。）を定　めたときは，その期間を経過した時 　⑶　当事者の一方から相手方に対して協議の続行を拒絶する旨の通知が書面でされたときは，その通知の時から6箇月を経過した時 　2　前項の規定により時効の完成が猶予されている間にされた再度の同項の合意は，同項の規定による時効の完成猶予の効力を有する。ただし，その効力は，時効の完成が猶予されなかったとすれば時効が完成すべき時から通じて5年を超えることができない。 　3　催告によって時効の完成が猶予されている間にされた第1項の合意は，同項の規定による時効の完成猶予の効力を有しない。同項の規定により時効の完成が猶予されている間にされた催告についても，同様とする。	なし

> 4　第 1 項の合意がその内容を記録した電
> 磁的記録（電子的方式，磁気的方式その他
> 人の知覚によっては認識することができない
> 方式で作られる記録であって，電子計算機に
> よる情報処理の用に供されるものをいう。以
> 下同じ。）によってされたときは，その合
> 意は，書面によってされたものとみなし
> て，前 3 項の規定を適用する。
> 5　前項の規定は，第 1 項第 3 号の通知に
> ついて準用する。

1　改正の方向性

　旧法では，当事者間で紛争に関する協議が継続している場合でも，時効は妨
げられることなく進行するが，そのような場合に権利者が権利行使を怠ってい
るとして時効の完成を認めるのは必ずしも妥当とは言えない。

　のみならず，円満な解決を図るために裁判などの強硬な手段を取りにくい事
情もある。そこで，紛争に関する協議が行われている場合には，時効の完成を
妨げる旨の規定を設ける必要があるとの観点から，協議を行う旨の合意（以下
「協議合意」という）による時効完成猶予の制度が新設された。

2　改正の要点

1）第 1 項について

　協議合意による時効完成猶予の制度を設けるとしても，どのような場合に
協議を行っているといえるかは必ずしも明確ではない（たとえば，口頭なり，
書面で請求を行い相手の返答を待っている状態はどうか）。そこで，権利につい
ての協議合意が書面でされることを条件とした。

　そして，そのような書面があった場合は，①合意があった時から 1 年を経
過した時，②合意において当事者が協議を行う期間（1 年に満たないものに
限る。）を定めたときは，その期間を経過した時，③当事者の一方から相手

方に対して協議の続行を拒絶する旨の通知が書面でされたときは，その通知
の時から 6 箇月を経過した時，のいずれか早い時までは時効が完成しないこ
ととした。

2）　**第 2 項について**

　協議合意によって時効完成が猶予されている期間中に再度の協議合意によ
り時効完成をさらに猶予させることができるとした。ただし，その効力は，
時効の完成が猶予されなかったとすれば時効が完成すべき時から通算して 5
年を超えることができず，それ以上の猶予はできないこととした。

3）　**第 3 項について**

　新民法においては，旧法と同様に催告は 6 ヶ月間時効の完成を猶予する
効力を持ち，さらに再度の催告には時効完成猶予の効力はない旨の規定が
新設されている．(新民法 150 条 2 項参照)。そうしたところ，催告と協議合意
は，裁判外の時効猶予制度という意味で類似しているため，①催告によっ
て時効完成が猶予されている間になされた協議合意，あるいは②逆に協議
合意によって時効完成が猶予されている間になされた催告については，新
民法 150 条 2 項と同様に時効完成猶予の効力を有しないこととした。この
点は本条 2 項と混同しないことが必要である。

4）　**第 4 項について**

　電磁的記録によってなされた協議合意も書面による合意とみなして時効完
成猶予の効力をもつこととした。

5）　**第 5 項について**

　1 項 3 号の協議の続行を拒絶する旨の通知も電磁的記録によってなすこと
ができることとした。

6）　**経過措置について**

　本規定は，新民法の施行日前に権利についての協議を行う旨の合意が書面
でされた場合におけるその合意については，適用されない（附則 10 条 3 項）。

新民法条文	旧法条文
（裁判上の請求等による時効の完成猶予及び更新） 第 147 条　＜全面改正＞ 　1　次に掲げる事由がある場合には，その事由が終了する（確定判決又は確定判決と同一の効力を有するものによって権利が確定することなくその事由が終了した場合にあっては，その終了の時から 6 箇月を経過する）までの間は，時効は，完成しない。 　(1)　裁判上の請求 　(2)　支払督促 　(3)　民事訴訟法第 275 条第 1 項の和解又は民事調停法（平成 26 年法律第 222 号）若しくは家事事件手続法（平成 23 年法律第 52 号）による調停 　(4)　破産手続参加，再生手続参加又は更生手続参加 　2　前項の場合において，確定判決又は確定判決と同一の効力を有するものによって権利が確定したときは，時効は，同項各号に掲げる事由が終了した時から新たにその進行を始める。	（時効の中断事由） 第 147 条 　時効は，次に掲げる事由によって中断する。 　(1)　請求 　(2)　差押え，仮差押え又は仮処分 　(3)　承認
（強制執行等による時効の完成猶予及び更新） 第 148 条　＜全面改正＞ 　1　次に掲げる事由がある場合には，その事由が終了する（申立ての取下げ又は法律の規定に従わないことによる取消しによってその事由が終了した場合にあっては，その終了の時から 6 箇月を経過する）までの間は，時効は，完成しない。 　(1)　強制執行	第 147 条と同じ

(2)　担保権の実行 (3)　民事執行法（昭和54年法律第4号）第195条に規定する担保権の実行としての競売の例による競売 (4)　民事執行法第196条に規定する財産開示手続 　2　前項の場合には，時効は，同項各号に掲げる事由が終了した時から新たにその進行を始める。ただし，申立ての取下げ又は法律の規定に従わないことによる取消しによってその事由が終了した場合は，この限りでない。	
（仮差押え等による時効の完成猶予） 第149条　＜全面改正＞ 　次に掲げる事由がある場合には，その事由が終了した時から6箇月を経過するまでの間は，時効は，完成しない。 　(1)　仮差押え 　(2)　仮処分	第147条と同じ
（催告による時効完成猶予） 第150条　＜全面改正＞ 　1　催告があったときは，その時から6箇月を経過するまでの間は，時効は，完成しない。 　2　催告によって時効の完成が猶予されている間にされた再度の催告は，前項の規定による時効の完成猶予の効力を有しない。	（催告） 第153条 　催告は，6箇月以内に，裁判上の請求，支払督促の申立て，和解の申立て，民事調停法若しくは家事事件手続法による調停の申立て，破産手続参加，再生手続参加，更生手続参加，差押え，仮差押え又は仮処分をしなければ，時効の中断の効力を生じない。

（天災等による時効の完成猶予） 第 161 条　＜一部改正＞ 　時効の期間の満了の時に当たり，天災その他避けることのできない事変のため<u>第 147 条</u>（裁判上の請求等による時効の完成猶予及び更新）第 1 項各号又は第 148 条（強制執行等による時効の完成猶予及び更新）第 1 項各号に掲げる事由に係る手続を行うことができないときは，その障害が消滅した時から<u>3 箇月</u>を経過するまでの間は，時効は，完成しない。	（天災等による時効の停止） 第 161 条 　時効の期間の満了の時に当たり，天災その他避けることのできない事変のため<u>時効を中断</u>することができないときは，その障害が消滅した時から<u>2 週間</u>を経過するまでの間は，時効は，完成しない。

1　改正の方向性

　旧法 147 条以下に規定する時効中断事由が生じたときには，時効の中断としてその時点から新たに時効期間が進行を始めるが，裁判の取下げなどにより時効中断事由が途中で終了した場合には，遡って時効中断の効力が生じないこととされていた（旧法 149 条など）。ところが，このような場合も，判例によれば裁判上の催告として手続の終了時から 6 カ月以内に所定の手続をとれば時効が中断することとされており，このことを条文上明確にする必要があった。

　また，旧法では，一時的に時効の完成が妨げられるにすぎない場合（たとえば旧法 153 条の催告）と新たな時効期間が進行を始める場合（たとえば旧法 147 条の承認）とが，同一の「中断」という用語で表現されており，分かりにくかった。そこで，これらを区別して分かりやすくする必要があった。

　このような観点から一定の事由の発生によって時効の完成が妨げられる「時効完成の猶予」と，一定の事由により新たに時効期間が進行を始める「時効の更新」という用語を採り入れたうえ，それらにあたる事由を整理しなおすこととしたものである。

2　改正の要点

1)　第 147 条について

(1)　第 1 項について

新民法は，裁判上の請求，支払督促，和解，民事調停，破産手続への参加等を「時効完成の猶予」の事由とし，それらの事由が終了するまでは時効は完成しないこととした。さらに，権利が確定することなくその事由が終了した場合は，その終了の時から 6 箇月を経過するまでの間は，時効は完成しないこととした。これは上記 1 第 1 段落の趣旨を受けて裁判上の催告の概念を明文化したものである。なお，裁判上の請求による時効完成の猶予の効力は，具体的には訴状が裁判所に提出された時に生ずると解されるが，訴状に不備があり，被告に送達されず却下された場合には，時効の完成猶予の効力は生じないとされている（一問一答 48 頁）。

(2)　第 2 項について

本条 1 項の場合に，確定判決等により権利が確定したときは，「時効の更新」としてその時点から新たな時効期間が開始することとした。上記 1 第 2 段落の趣旨を受け，更新の効果を定めたものである。

(3)　経過措置について

施行日前に旧法 147 条に規定する時効の中断の事由又は同法 158 条ないし 161 条に規定する時効の停止の事由が生じた場合には従前の例によるとされている（附則 10 条 2 項）。したがって，逆に施行日前に発生した債権であっても時効が完成していなければ，施行日以後に生じた上記の事由については時効の更新，完成猶予の規定が適用されることとなる。

2)　第 148 条について

(1)　第 1 項について

本項は，強制執行，担保権の実行等の事由が生じた場合には，「時効完成の猶予」としてそれらの事由が終了するまでは時効は完成しないこととした。ただし，申立ての取下げ又は法律の規定に従わないことによる取消しによってその事由が終了した場合には，その終了の時から 6 箇月を経過

するまでの間は，時効は，完成しないこととした。新民法147条1項と同趣旨である。

(2)　第2項について

　1項の場合には，同項各号に掲げる事由が終了した時から（取下げや取消しの場合は除く）新たな時効期間が開始することとし，その終了が時効の更新事由である旨を規定した。

3)　第149条について

　仮差押え，仮処分が行われた場合には，その終了の時から6箇月を経過するまでの間は，時効は，完成しないこととした。新民法147条1項と同趣旨である。

4)　第150条について

(1)　第1項について

　旧法を基本的に維持し，催告の効果を時効の完成の猶予とした。

(2)　第2項について

　再度の催告によっては時効の完成が猶予されないとの判例を明文化した。

5)　第161条について

　東日本大震災等の大災害を経て，天災等の場合の時効完成の猶予期間が旧法の2週間ではあまりに短いとされ，天災その他避けることのできない事変のため時効の完成猶予及び更新の手続をとることができないときは，その障害が消滅した時から3箇月経過するまでは，時効は完成しないこととした。

第5　法定利率

新民法条文	旧法条文
（法定利率） 第404条　＜全面改正＞ 　1　利息を生ずべき債権について別段の意思表示がないときは，その利率は，その利息が生じた最初の時点における法定利率による。 　2　法定利率は，年3パーセントとする。 　3　前項の規定にかかわらず，法定利率は，法務省令で定めるところにより，3年を一期とし，一期ごとに，次項の規定により変動するものとする。 　4　各期における法定利率は，この項の規定により法定利率に変動があった期のうち直近のもの（以下この項において「直近変動期」という。）における基準割合と当期における基準割合との差に相当する割合（その割合に1パーセント未満の端数があるときは，これを切り捨てる。）を直近変動期における法定利率に加算し，又は減算した割合とする。 　5　前項に規定する「基準割合」とは，法務省令で定めるところにより，各期の初日の属する年の6年前の年の1月から前々年の12月までの各月における短期貸付けの平均利率（当該各月において銀行が新たに行った貸付け（貸付期間が1年未満のものに限る。）に係る利率の平均をいう。）の合計を60で除して計算した割合（その割	（法定利率） 第404条 　利息を生ずべき債権について別段の意思表示がないときは，その利率は，年5分とする。

合に 0.1 パーセント未満の端数があるときは，これを切り捨てる。）として法務大臣が告示するものをいう。

＊この改正に伴い，商法第514条を削除するものとする。

1　改正の方向性

　低金利の状況が長期間継続している現行の経済情勢のもとでは，旧法404条の定める年5パーセントという法定利率は高すぎると考えられることから法定利率を引き下げることとし，同時に，経済情勢の変動に対応して法定利率を適切な水準に保つべく，利率の変動性を導入した。ただし，法定利率の頻繁な変更を避けるため，見直しは3年に1回だけ，過去5年間の市場金利の平均をもとに行うこととされている。また，ある債権の利息の計算に用いる法定利率を，その債権について最初に利息が発生した時点の利率で固定し，事後的に変化しないことにするなど，法定利率の適用が簡便に行えるよう実務的な配慮がなされている（2で詳述する）。

2　改正の要点

1）　第1項について

　変動制法定利率の導入により，各々の債権の利息をどの時点での法定利率を用いて計算するのかという問題が生じるが，原則として，当該（元本）債権について最初に利息が生じた時点（具体的な利息が最初に発生する時点。利息計算の初日）における法定利率によって計算し，その後に法定利率の変動があってもその債権の利息計算に用いる利率は最初のものから変化しない。

　すなわち，債権の存続中に利息計算に用いる法定利率が変化するという意味での変動制の場合は，利息計算が極めて煩瑣となり実務的に扱いづらいことから，本項はひとつの債権の利息計算に用いる利率を最初の利率で固定し，

事後的に変えないこととした（部会資料74 B・7頁）。

　したがって，変動制法定利率を利息計算に用いる際には，それぞれの債権につき，最初に利息が発生した時点がいつであるか，及びその時点における法定利率の値に注意を払えばよいことになる。

2）第2項及び第3項について

　今回の改正で法定利率はまず年3パーセントに引き下げられ（2項），以後3年を一期として3年ごとに見直しを行うこととした（3項）。

3）第4項について

　各期の法定利率は，その期の「基準割合」（算出方法については本条5項の解説を参照）と直近で法定利率の変動があった期の「基準割合」とを比較し，その値の差を現行の法定利率に加算（その期の基準割合が直近変動期より上昇した場合）又は減算（その期の基準割合が直近変動期より下落した場合）して決まる（部会資料81 B・3頁に具体的なイメージ図がある）。ただし，1パーセント未満の端数は切り捨てられるため，法定利率の値が変動するのは，直近変動期と比較して基準割合に1パーセント以上の差が発生したときのみとなり，そうでない限り法定利率は従前のまま変化しない。

　なお，改正後初めて法定利率が変動するまでは，新民法施行後最初の期の「基準割合」を，各期の「基準割合」と比較することになる（附則15条2項参照）。

4）第5項について

　法定利率の決定に用いる「基準割合」の算出方法を定める。

　「基準割合」とは，その期が始まる2ないし6年前の5年間における国内銀行が行った短期貸付けの金利の平均である（0.1パーセント未満は切り捨て）。

　ここで，各期の基準割合が過去5年間という比較的長い期間の平均の割合とされることから，法定利率の変動は，実際には緩やかにしか発生しないと考えられる。

　したがって，法定利率は，短期的な経済情勢の変動とはいちいち連動せず，長期的な経済情勢の変化を反映するものとなっている。

5) 商法第514条の削除について

本条制定に伴い，商事法定利率を廃止し，民法の法定利率に一元化した。そのため，年6パーセントとされた商事法定利率が，改正当初は半減されて年3パーセントになり，その後3年に1回見直されることになる。この点にも注意を要する。

6) 経過措置について

施行日前に利息が生じた場合におけるその利息を生ずべき債権に係る法定利率については，なお従前の例による（附則15条1項）。

新民法条文	旧法条文
（金銭債務の特則） 第419条　＜一部改正＞ 　1　金銭の給付を目的とする債務の不履行については，その損害賠償の額は，<u>債務者が遅滞の責任を負った最初の時点における</u>法定利率によって定める。ただし，約定利率が法定利率を超えるときは，約定利率による。 　2　［改正なし］ 　3　［改正なし］	（金銭債務の特則） 第419条 　1　金銭の給付を目的とする債務の不履行については，その損害賠償の額は，法定利率によって定める。ただし，約定利率が法定利率を超えるときは，約定利率による。 　2　前項の損害賠償については，債権者は，損害の証明をすることを要しない。 　3　第1項の損害賠償については，債務者は，不可抗力をもって抗弁とすることができない。

第5 法定利率

改正の要点

1) **第1項について**

　変動制法定利率の導入に伴い，従来から法定利率を基準に算定している金銭債務の遅延損害金についても，どの時点の法定利率を基準に算定するのかという問題が生じる。

　この点，本項は，「債務者が遅滞の責任を負った最初の時点」，すなわち債務不履行（履行遅滞）が生じた時点での法定利率を適用するとし，履行遅滞が継続し，遅滞が解消するまでに法定利率が変動しても，履行遅滞が始まった最初の時点の法定利率により計算する旨を定めた。たとえば，履行遅滞となった時点の法定利率が年3パーセントであり，その後弁済するまでに法定利率が変動し，支払った時点の法定利率が年4パーセントになっていても，履行が遅れた期間全体について年3パーセントの割合で遅延損害金を計算することになる。

　計算が煩瑣になりすぎることを防ぐという意味で，404条1項と同じ趣旨である。

2) **経過措置について**

　施行日前に債務者が遅滞の責任を負った場合における遅延損害金を生ずべき債権に係る法定利率については，なお従前の例による（附則17条3項）。

新民法条文	旧法条文
（中間利息の控除） **第417条の2　＜新設＞** 　1　将来において取得すべき利益についての損害賠償の額を定める場合において，その利益を取得すべき時までの利息相当額を控除するときは，その損害賠償の請求権が生じた時点における法定利率により，これをする。	なし

> 2　将来において負担すべき費用について
> の損害賠償の額を定める場合において，
> その費用を負担すべき時までの利息相当
> 額を控除するときも，前項と同様とする。

改正の要点

1）　**第1項について**

　　将来の逸失利益についての損害賠償額を計算する場合に行われる中間利息の控除については，従来から法定利率を用いて計算されているが（最判平17.6.14民集59巻5号983頁参照），変動制法定利率の導入に伴い，どの時点の法定利率を基準に中間利息を控除するのかという問題が生じる。

　　この点，本項は，「損害賠償の請求権が生じた時点」すなわち債務不履行による損害賠償請求権であれば不履行時（正確には債務不履行に基づく損害賠償請求権の発生要件事実が具備された時）の法定利率で計算することを定めた。裁判の時点の法定利率で計算するのではない。また，不履行時以後の法定利率の変動は考慮しない。

　　これは，「損害は，逸失利益も含めて不履行時に全体が一体として発生する」という考え方に親和的な規律といえる。

2）　**第2項について**

　　中間利息控除は，1項のような将来取得することができたはずの利益（逸失利益）について損害賠償額を定める場合だけでなく，将来負担することになってしまった費用（後遺症が残った場合の介護費用など）について損害賠償額を定める場合にも行われる。これについても，1項と同様，不履行時の法定利率で計算することとした。

3）　**経過措置について**

　　本規定は，施行日前に生じた将来において取得すべき利益（本条1項）又は負担すべき費用（本条2項）についての損害賠償請求権については，適用されない（附則17条2項）。

第6　債務不履行による損害賠償

新民法条文	旧法条文
（債務不履行による損害賠償） 第415条　＜1項は一部改正，2項は新設＞ 　1　債務者がその債務の本旨に従った履行をしないとき又は債務の履行が不能であるときは，債権者は，これによって生じた損害の賠償を請求することができる。ただし，その債務の不履行が契約その他の債務の発生原因及び取引上の社会通念に照らして債務者の責めに帰することができない事由によるものであるときは，この限りでない。 　2　前項の規定により損害賠償の請求をすることができる場合において，債権者は，次に掲げるときは，債務の行に代わる損害賠償の請求をすることができる。 ⑴　債務の履行が不能であるとき。 ⑵　債務者がその債務の履行を拒絶する意思を明確に表示したとき。 ⑶　債務が契約によって生じたものである場合において，その契約が解除され，又は債務の不履行による契約の解除権が発生したとき。	（債務不履行による損害賠償） 第415条 　債務者がその債務の本旨に従った履行をしないときは，債権者は，これによって生じた損害の賠償を請求することができる。債務者の責めに帰すべき事由によって履行をすることができなくなったときも，同様とする。

1　改正の方向性

　債務不履行に基づく損害賠償請求権の要件を定める旧法415条の改正の方向性については，当初は，いわゆる「帰責事由（債務者の責めに帰すべき事由）」概念を維持するか否かについて，大きな争いがあった。

　この点，中間論点整理の段階では，債務不履行による損害賠償責任が免責される場合を表現するために，「帰責事由」概念に代えて，「契約において債務者が引き受けていない事由」なる概念を導入しようとする立場が有力であった。

　しかし，このような概念では「契約書の記載内容次第で債務者が過剰に履行障害リスクを負わされることになりかねない」などの疑問が存在したため，帰責事由概念は条文上維持されることで決着した。

　その上で，帰責事由という表現だけでは債務者の免責の判断基準があまりに不明確であることから，中間試案においては，帰責事由の存否を「契約の趣旨」に照らし判断することとしつつ，この「契約の趣旨」は，「契約の性質，契約をした目的，契約締結に至る経緯その他の事情に基づき，取引通念を考慮して定まる」ものと明記して，帰責事由の判断基準を示した。これは，契約書の文言だけでなく契約締結の経緯などその契約に関する一切の事情，及び取引通念を考慮して行われる実務の帰責事由判断のあり方を，できる限り明文化しようと努めたものである。

　最終的には，「契約の趣旨」という概念を法文に用いることは見送られ，帰責事由の有無の判断基準を「契約その他の債務の発生原因及び取引上の社会通念」に求めることとなった（本条1項ただし書）。もっとも，その意味するところは上記中間試案と変わらない。

　以上からすれば，本条1項は，判例・学説上異論を見ない点を明確にすべく規定の整備を行ったにとどまり，従前の実務を変更するものではないと考えるべきである。

2　改正の要点

1)　第1項について

　債務不履行に基づく損害賠償請求権の要件について定める原則規定である。

　すなわち，まず，本文は，旧法415条の前段と後段を統合し，①債務者が債務の本旨に従った履行をしない場合，又は②債務の履行が不能な場合に，債務不履行に基づく損害賠償請求権が発生することを定めた。

そして，旧法415条では，帰責事由を明文で要求していたのは②の履行不能の場合だけであったが，①の本旨不履行の場合にも帰責事由が必要なことが明定され，債務不履行に基づく損害賠償請求権一般について債務者の帰責事由が要件になる（判例・通説）ことを明示した。

なお，旧法415条が前段と後段を並列的に規定していたのと異なり，本条では本文とただし書を書き分ける体裁に変更されているため，債権者としては債務が実現していない事実だけを主張・立証すればよく，免責事由の存在を債務者の方で（抗弁として）主張・立証しなければならないことが条文上も明確になっている。

2）**第2項**について

履行に代わる損害賠償請求権の具体的な要件について旧法に明文規定がなかったことから，これを明らかにすべく新設した規定である。

「前項の規定により損害賠償の請求をすることができる場合において」という文言に示されるように，債務不履行に基づく損害賠償請求権の発生要件を満たしても，本項1号ないし3号のいずれかに該当しない限り，履行に代わる損害賠償請求はできない。

まず，1号の履行不能の場合に履行に代わる損害賠償請求ができるのは，このような場合もはや本来の履行を請求することは無意味（不可能）だからであり，従来から異論のなかった点を明文化したものである。

次に，2号の「債務者がその債務の履行を拒絶する意思を明確に表示した」場合に履行に代わる損害賠償請求ができるのは，確定的な履行拒絶があった場合に債務者が本来の債務を履行することは合理的に期待できないからである。これに対し，確定的な履行拒絶とは言えない単なる交渉としての履行拒絶の場合は，それだけでは履行に代わる損害賠償請求権は認められないと解される。

また，3号のうち契約が解除されたときに履行に代わる損害賠償請求ができる（前段）とするのは，従来から異論がない点を明文化したものである。さらに，債務不履行による解除権が発生したときにも，あえて解除するまでもなく履行に代わる損害賠償請求ができるとされた（後段）。

　　ただし，不完全な履行がされたにとどまる場合の損害賠償請求権は，本項の射程外とされている（一問一答76頁注2参照）。この点，不完全履行の一例とされる請負契約の仕事の目的物に契約内容不適合（いわゆる瑕疵）があった場合の注文者の修補に代わる損害賠償請求権について，新民法では一般の債務不履行による損害賠償の問題と位置付けられ，本条で処理されることになったが（旧法634条2項削除。詳細は第20請負の解説参照），これにも本項ではなく本条1項が適用されて，軽微な不適合で解除権が発生しない場合（第7契約の解除の解説参照）であっても，修補に代わる損害賠償請求は可能となる（2項3号後段と比較。一問一答341頁注2参照）。

　　さらに，2項3号後段の適用がない以上は，修補に代わる損害賠償請求をする場合に事前の催告（修補の催告）も必要がなく，直ちにこの請求ができると解される（第20請負の解説〔148頁〕参照）。

　　なお，本条により履行に代わる損害賠償請求が認められるとしても，履行に代わる損害賠償としてどこまでの範囲の損害の賠償が認められるかについては，新民法416条によって判断する必要がある。

3）　経過措置について

　　施行日前に債務が生じた場合（施行日以後に債務が生じた場合であって，その原因である法律行為が施行日前にされたときを含む）におけるその債務不履行の責任については，なお従前の例による（附則17条1項）。この経過措置は，以下に記載する債務不履行責任等に関する規定についても同様である。

新民法条文	旧法条文
（履行遅滞中又は受領遅滞中の履行不能と帰責事由） 第413条の2　＜新設＞ 　1　債務者がその債務について遅滞の責任を負っている間に当事者双方の責めに帰することができない事由によってその債務の履行が不能となったときは，その履行の不能は，債務者の責めに帰すべき事	なし

由によるものとみなす。 2　債権者が債務の履行を受けることを拒み，又は受けることができない場合において，履行の提供があった時以後に当事者双方の責めに帰することができない事由によって債務の履行が不能となったときは，その履行の不能は，債権者の責めに帰すべき事由によるものとみなす。	

改正の要点

1)　**第 1 項について**

確立した判例理論の明文化である。

すなわち債務者に帰責事由ある履行遅滞中に履行不能が生じた場合，不能自体につき債務者に帰責事由がなくても，債務者は不能によって生じた損害の賠償責任を負う（大判明 39.10.29 民録 12 輯 1358 頁など参照）。ただし，条文上は明記されなかったが，履行遅滞と履行不能との間に因果関係がない場合は，本条は適用されない（部会資料 79 - 3・11 頁）。

2)　**第 2 項について**

債権者の受領遅滞中に生じた履行不能について，たとえ履行不能の発生自体については債権者に帰責事由がなくても，債権者の帰責事由による履行不能とみなすことを定めた。その結果，債権者は契約の解除ができず（543 条），反対給付の履行も拒むことができない（536 条 2 項）。受領遅滞中の履行不能の危険は債権者が負担するという，従来から異論のなかった点を明文化したものである。

新民法条文	旧法条文
（代償請求権） 第 422 条の 2　＜新設＞ 　債務者が，その債務の履行が不能となったのと同一の原因により債務の目的物の代償である権利又は利益を取得したときは，債権者は，その受けた損害の額の限度において，債務者に対し，その権利の移転又はその利益の償還を請求することができる。	なし

改正の要点

　代償請求権について，判例（最判昭 41.12.23 民集 20 巻 10 号 2211 頁）・通説の明文化を行った。

　すなわち，履行不能が生じたときに，不能が生じたのと同じ原因から債務者が目的物の代償である権利又は利益を取得した場合に，債権者は，公平の観点から，債権者が被った損害の限度で債務者からその償還を受けることができる。例えば，賃貸借の目的物であった建物が賃貸中に焼失したとき（賃借人の目的物返還債務が履行不能），賃貸人は，賃借人が取得した火災保険金請求権の譲渡を請求することができる。なお，履行不能につき債務者に帰責事由があるか否かは問わないこととされた。

新民法条文	旧法条文
（損害賠償の範囲） 第 416 条　＜一部改正＞ 　1　［改正なし］ 　2　特別の事情によって生じた損害であっても，当事者がその事情を<u>予見すべきであった</u>ときは，債権者は，その賠償を請求することができる。	（損害賠償の範囲） 第 416 条 　1　債務の不履行に対する損害賠償の請求は，これによって通常生ずべき損害の賠償をさせることをその目的とする。

| | 2　特別の事情によって生じた損害であっても，当事者がその事情を<u>予見し，又は予見することができた</u>ときは，債権者は，その賠償を請求することができる。 |

改正の要点

　損害賠償の範囲に関して，旧法416条2項の「予見し，又は予見することができたとき」という文言を「予見すべきであったとき」と改めた以外は，従前の規定がそのまま維持された。このように文言を改めたのは，損害賠償の範囲の問題が単なる当事者の認識可能性という事実レベルの問題ではなく，債務者にどこまでの責任を負わせるべきかという規範的価値判断の問題である点を考慮したものである（従前の実務もそのように取り扱っていたと考えられる。）。

　したがって，今後も損害賠償の範囲は，通常損害・特別損害に分けて処理する従来の枠組みによることとなる。また，不法行為（民法709条）による損害賠償の範囲の画定について本条が類推適用されるという従来の判例の立場も維持することが可能である。

　旧法416条については，従来より華々しい学説上の解釈論争が存在するが，これについては今後も継続するものと思われる。

第7　契約の解除

新民法条文	旧法条文
（催告による解除） 第541条　＜一部改正＞ 　当事者の一方がその債務を履行しない場合において，相手方が相当の期間を定めてその履行の催告をし，その期間内に履行がないときは，相手方は，契約の解除をすることができる。ただし，その期間を経過した時における債務の不履行がその契約及び取引上の社会通念に照らして軽微であるときは，この限りでない。	（履行遅滞等による解除権） 第541条 　当事者の一方がその債務を履行しない場合において，相手方が相当の期間を定めてその履行の催告をし，その期間内に履行がないときは，相手方は，契約の解除をすることができる。

1　改正の方向性

　契約の解除については，中間論点整理の段階までは，催告解除制度を廃止して，重大不履行による無催告解除制度に一本化する考え方が有力であった。

　しかし，実務において催告解除制度が定着していることから，本条は催告解除の原則を維持した上で，ただし書を追加して「軽微」な不履行については解除できないと定めた。もっともこのただし書は，不履行にかかる債務が全体のうちの「僅少部分」であるなどの場合において解除を否定した判例法理を明文化したに過ぎないと考えられる（後記2参照）。したがって，「軽微」な不履行では解除できないと定めたことは，解除の要件として「重大」な不履行を要求する上記の立場を採用したことに繋がるものではない。

　また，解除の要件として帰責事由は要求されていないが，旧法541条においては帰責事由が明文で要求されていなかったばかりか，実際にも要件として機能していなかったという指摘もあり，結局本条は，全体として，従来の実務の扱いに実質的な変更を加えるものではないと考えられる。

2　改正の要点

　債務不履行を理由とする契約解除の要件について，従来どおり催告解除の原則を維持することとし，かつ，不履行が「軽微」な場合には解除できないことを定めた。この「軽微」という要件は，「不履行の部分が僅かである場合や契約目的を達成するために必須とはいえない付随的な義務の不履行」の場合には解約解除を認めない従来の判例の基本的考え方を明文化したものであるとされる（一問一答236頁）。ただし，不履行が「軽微」か否かの具体的判断にあたっては，その不履行が契約目的達成に及ぼす影響が最も重要な考慮要素となる旨が指摘されているので注意を要する（同注2参照。詳しくは第17売買・第20請負の解説参照）。

　なお，施行日前に契約が締結された場合におけるその契約の解除については，なお従前の例による（附則32条）。この経過措置は，以下に記載する契約の解除に関する規定についても同様である。

新民法条文	旧法条文
（催告によらない解除） 第542条　＜全面改正＞ 　1　次に掲げる場合には，債権者は，前条の催告をすることなく，直ちに契約の解除をすることができる。 　(1)　債務の全部の履行が不能であるとき。 　(2)　債務者がその債務の全部の履行を拒絶する意思を明確に表示したとき。 　(3)　債務の一部の履行が不能である場合又は債務者がその債務の一部の履行を拒絶する意思を明確に表示した場合において，残存する部分のみでは契約をした目的を達することができないとき。 　(4)　契約の性質又は当事者の意思表示により，特定の日時又は一定の期間内に履行をしなければ契約をした目的を達するこ	（定期行為の履行遅滞による解除権） 　第542条 　契約の性質又は当事者の意思表示により，特定の日時又は一定の期間内に履行をしなければ契約をした目的を達することができない場合において，当事者の一方が履行をしないでその時期を経過したときは，相手方は，前条の催告をすることなく，直ちにその契約の解除をすることができる。

とができない場合において，債務者が履
行をしないでその時期を経過したとき。

(5)　前各号に掲げる場合のほか，債務者が
その債務の履行をせず，債権者が前条の
催告をしても契約をした目的を達するの
に足りる履行がされる見込みがないこと
が明らかであるとき。

2　次に掲げる場合には，債権者は，前条
の催告をすることなく，直ちに契約の一
部の解除をすることができる。

(1)　債務の一部の履行が不能であるとき。

(2)　債務者がその債務の一部の履行を拒絶
する意思を明確に表示したとき。

（履行不能による解除権）
第 543 条
　履行の全部又は一部が不能
となったときは，債権者は，
契約の解除をすることができ
る。ただし，その債務の不履
行が債務者の責めに帰するこ
とができない事由によるもの
であるときは，この限りでな
い。

改正の要点

1）　第 1 項について

　本項は，旧法 542 条及び 543 条の規律を維持した（4 号と 1 号）上で，も
はや催告をする（履行の機会を与える）意味がないその他の場合（2 号，3 号，
5 号）も含めて，契約の全部を無催告で解除できる旨を定めた。

　すなわち，債務者が全部の履行を確定的に拒絶した場合（2 号）にはもは
や催告による猶予期間を与える必要がなく，また，一部不能又は一部履行の
確定的拒絶であっても残存する部分のみでは契約の目的を達することができ
ない場合（3 号）にも催告の意味がないことから，無催告解除を認めたもの
である。

　また，5 号も，その要件として，単に履行がされる見込みがないことが明
らかであるにとどまらず，「催告をしても」なお履行される見込みがないこ
とが明らかであることを要求しているので，やはり催告をする意味がない場
合に限って無催告解除を認めたにすぎないと解される。

　以上のように，新民法における解除制度は，あくまで催告解除（541 条）
が原則であり，無催告で解除できる場合を列挙する本条は，解除における例

外規定と位置づけられる。

　なお，解除について債務者の帰責事由が不要となったことで，履行不能を理由とする解除と危険負担との関係をどう処理するかという問題が生じるが，これについては後記第8の危険負担の解説を参照されたい。

2）**第2項について**

　契約の一部について無催告解除ができる場合を定めた。

　一部履行不能又は一部履行拒絶について，契約全部を解除できるか（前項3号）又は一部のみ解除できるか（本項）の分かれ目は，「残存する部分のみでは契約をした目的を達することができない（前項3号）」か否かである。

第8 危険負担

新民法条文	旧法条文
［削除］	（債権者の危険負担） 第534条 　1　特定物に関する物権の設定又は移転を双務契約の目的とした場合において，その物が債務者の責めに帰することができない事由によって滅失し，又は損傷したときは，その滅失又は損傷は，債権者の負担に帰する。 　2　不特定物に関する契約については，第401条第2項の規定によりその物が確定した時から，前項の規定を適用する。
［削除］	（停止条件付双務契約における危険負担） 第535条 　1　前条の規定は，停止条件付双務契約の目的物が条件の成否が未定である間に滅失した場合には，適用しない。 　2　停止条件付双務契約の目的物が債務者の責めに帰することができない事由によって損傷したときは，その損傷は，債権者

	の負担に帰する。 3　停止条件付双務契約の目的物が債務者の責めに帰すべき事由によって損傷した場合において，条件が成就したときは，債権者は，その選択に従い，契約の履行の請求又は解除権の行使をすることができる。この場合においては，損害賠償の請求を妨げない。
（債務者の危険負担等） 第536条　＜一部改正＞ 　1　当事者双方の責めに帰することができない事由によって債務を履行することができなくなったときは，債権者は，<u>反対給付の履行を拒むことができる。</u> 　2　債権者の責めに帰すべき事由によって債務を履行することができなくなったときは，<u>債権者は，反対給付の履行を拒むことができない。</u>この場合において，<u>債務者は，自己の債務を免れたことによって利益を得たときは，これを債権者に償還しなければならない。</u>	（債務者の危険負担等） 第536条 　1　<u>前2条に規定する場合を除き，</u>当事者双方の責めに帰することができない事由によって債務を履行することができなくなったときは，債務者は，<u>反対給付を受ける権利を有しない。</u> 　2　債権者の責めに帰すべき事由によって債務を履行することができなくなったときは，債務者は，<u>反対給付を受ける権利を失わない。</u>この場合において，自己の債務を免れたことによって利益を得たときは，これを債権者に償還しなければならない。

1　改正の方向性

1）旧法第 534 条及び第 535 条の削除について

　　まず，危険負担における債権者主義を定めた旧法 534 条を廃止した。

　　同条の文言によれば，目的物の引渡前であっても履行不能の危険を債権者に負担させることになってしまう点が不当であるとの批判が従来から強くなされていた。そのため，当事者の意思解釈や同条の縮小解釈により，その適用範囲を狭く画そうとする解釈が改正前から広く支持を得てきたが，さらにその方向性を推し進め，同条を廃止することとした。また，同条の特則である旧法 535 条も同時に廃止した。

2）危険負担制度（新民法 536 条 1 項）について

　　従来（伝統的見解）は解除に帰責事由を要求していたので，解除は帰責事由のある履行不能，危険負担は帰責事由のない履行不能という形で両制度の守備範囲が分かれていた。

　　ところが，541 条及び 542 条の解説で述べたとおり，債務者に帰責事由のない場合でも解除できることが明らかとなり，そのため債務者に帰責事由のない履行不能の場面において，解除と危険負担の規律が重複することになった。そこで，中間試案の段階までは，危険負担を廃止して解除に一元化する考え方が有力となっていた。

　　しかし，危険負担制度及びその考え方が実務に定着していることから同制度を基本的に維持すべきという意見が有力となり，最終的に，危険負担制度は履行拒絶権を付与する制度に再構成されて存続することとなった。すなわち，危険負担の効果が履行拒絶権の付与に改められたのは，反対債務を消滅させる効果を持つとすると，契約（及びそれから生じた反対債務）の存在を前提にこれを意思表示によって消滅させる制度である解除制度との間で不整合が生じかねないと考えられたためである。

2　改正の要点

　　旧法 534 条が削除されたが，売買契約については目的物の引渡しの時に危険

が移転するのが合理的であるので，その旨が別途規定された（次の第 567 条を参照）。

新民法 536 条は，旧法 534 条と異なり改正後も存続するが，その効果は，「反対債務の消滅」から「履行拒絶権の付与」に変更されている。

したがって，債権者が反対債務を消滅させて契約関係から離脱したいのであれば，契約を解除する（解除通知を到達させる）必要があることに注意を要する。

なお，危険負担制度は任意規定であり，契約書において「債務者の帰責事由なくして債務が履行不能となった場合は，債権者の反対債務は当然に消滅する」旨の合意をすることは差し支えないと解される。そのような「当然消滅の効果」を望むのであれば，その旨を契約書に明記する必要がある点にも留意する必要がある。

経過措置については，施行日前に締結された契約に係る危険負担については，なお従前の例による（附則 30 条 1 項）。

新民法条文	旧法条文
（目的物の滅失等に関する危険の移転） 第 567 条　＜新設＞ 　1　売主が買主に目的物（売買の目的として特定したものに限る。以下この条において同じ。）を引き渡した場合において，その引渡しがあった時以後にその目的物が当事者双方の責めに帰することができない事由によって滅失し，又は損傷したときは，買主は，その滅失又は損傷を理由として，履行の追完の請求，代金の減額の請求，損害賠償の請求及び契約の解除をすることができない。この場合において，買主は，代金の支払を拒むことができない。 　2　売主が契約の内容に適合する目的物をもって，その引渡しの債務の履行を提供したにもかかわらず，買主がその履行を	なし

受けることを拒み，又は受けることがで
きない場合において，その履行の提供が
あった時以後に当事者双方の責めに帰す
ることができない事由によってその目的
物が滅失し，又は損傷したときも，前項
と同様とする。

改正の要点

1）　第1項について

　　売買契約における目的物に関する危険の移転時期については，旧法534条
（ただし，限定的解釈。前記旧法534条の解説を参照）が規定していたが，今回
の改正で同条が廃止されたことにより，新たに売買契約における危険の移転
時期についてルールを定める必要が生じた。そこで，従来の支配的な見解に
従い，売主から買主への危険の移転時期を目的物引渡時と定めた。

　　本項後段では，目的物の滅失等が目的物引渡後に生じた場合には，新民法
536条1項（危険負担の債務者主義）の規定の適用を排除し，「買主は，代金
の支払（反対給付）を拒むことができない」旨を定めた。引渡時に危険が買
主（債権者）移転することの帰結である。

2）　第2項について

　　本項は，買主が，目的物の引渡しについて履行の提供があったにもかかわ
らずこれを拒むなどして受領遅滞となった時は，実際に買主が目的物を受領
しなくても買主に危険が移転する旨を定めた。従前において受領遅滞の効果
として認められていたことを明文化したものである。

3）　経過措置について

　　施行日前に締結された売買契約については，なお従前の例による（附則34
条1項）。

第9　債権者代位権

新民法条文	旧法条文
（債権者代位権の要件） 第 423 条　＜一部改正＞ 　1　債権者は，自己の債権を保全するため必要があるときは，債務者に属する権利<u>（以下「被代位権利」という。）</u>を行使することができる。ただし，債務者の一身に専属する権利<u>及び差押えを禁じられた権利</u>は，この限りでない。 　2　債権者は，その債権の期限が到来しない間は，<u>被代位権利</u>を行使することができない。ただし，保存行為は，この限りでない。 　<u>3　債権者は，その債権が強制執行により実現することのできないものであるときは，被代位権利を行使することができない。</u>	（債権者代位権） 第 423 条 　1　債権者は，自己の債権を保全するため，債務者に属する権利を行使することができる。ただし，債務者の一身に専属する権利は，この限りでない。 　2　債権者は，その債権の期限が到来しない間は，<u>裁判上の代位によらなければ，前項の権利を行使</u>することができない。ただし，保存行為は，この限りでない。
（債権者への支払又は引渡し） 第 423 条の 3　＜新設＞ 　債権者は，被代位権利を行使する場合において，被代位権利が金銭の支払又は動産の引渡しを目的とするものであるときは，相手方に対し，その支払又は引渡しを自己に対してすることを求めることができる。この場合において，相手方が債権者に対してその支払又は引渡しをしたときは，被代位権利は，これによって消滅する。	なし

（債務者の取立てその他の処分の権限等） 第 423 条の 5　＜新設＞ 　債権者が被代位権利を行使した場合であっても，債務者は，被代位権利について，自ら取立てその他の処分をすることを妨げられない。この場合においては，相手方も，被代位権利について，債務者に対して履行をすることを妨げられない。	なし

改正の要点

1）　第 423 条について

（1）　第 1 項について

　　本項は，債務者に属する権利（本項において「被代位権利」と定義されている。）の要件を詳しく規定した。すなわち，「差押えを禁じられた権利」は被代位権利にできないことを明文化した。差押えを禁じられた権利の例としては，給与債権の差押禁止部分（民事執行法 152 条）などが挙げられる。

（2）　第 2 項について

　　旧法では，裁判上の代位の場合には債権者の有する債権の期限が未到来でも被代位権利を行使できるとされていたが，本項は，裁判上の代位という制度そのものを廃止した。

（3）　第 3 項について

　　本項は，債権者の有する債権（被保全債権）の要件も明文化した。すなわち，被保全債権が強制執行により実現できないものである場合には，債権者は被代位権利を行使できないことを明文化した。強制執行により実現できない非保全権利の例としては，不執行合意のある債権や，いわゆる自然債務が挙げられる。

　　なお，詐害行為取消権においても同様の規定が設けられた（424 条 4 項）。

2）第423条の3について

　旧法では，代位債権者が被代位権利の対象となった金銭・動産を直接自己に支払又は引き渡すよう請求できること等に関する規定がなく，法文上はこの点が不明確であった。そこで，本条は，被代位権利が金銭の支払又は動産の引渡しを目的とするものであるときは，代位債権者はその支払又は引渡しを自己に対して行うよう請求できることを明文化した。また，直接の支払又は引渡しがされた場合，その効果として被代位権利が消滅する旨も明文化した。

　なお，詐害行為取消権においても同様の規定を設けた（424条の9）。

3）第423条の5について

　古い判例には，債権者が代位行使に着手し，債務者がその通知を受けるか，又はその権利行使を了知したときは，債務者は被代位権利の取立てその他の処分の権限を失うとするものがあった（大判昭和14.5.16民集18巻557頁）。

　しかし，債権者が代位行使に着手したことを債務者に通知し又は債務者がそのことを了知したというだけで，債務者が自らの権利の取立てその他の処分の権限を失うとすると，債務者の地位が著しく不安定なものとなる。

　そこで，本条は，上記判例を改め，債務者は被代位権利の取立てその他の処分の権限を失わないこととした。なお，この結論は，債権者が債権者代位訴訟を提起した場合であっても例外ではない。この点，かねてから実務では，債権者が，債務者による取立てその他の処分あるいは弁済受領を禁止するために，被代位権利に対する仮差押えなどをしており，改正に伴って混乱が生じることはないと思われる。

4）経過規定について

　施行日前に被代位権利が発生した場合については，なお従前の例による（附則18条1項）。

新民法条文	旧法条文
（登記又は登録の請求権を保全するための債権者代位権） 第423条の7　＜新設＞ 　登記又は登録をしなければ権利の得喪及び変更を第三者に対抗することができない財産を譲り受けた者は，その譲渡人が第三者に対して有する登記手続又は登録手続をすべきことを請求する権利を行使しないときは，その権利を行使することができる。この場合においては，前3条（相手方の抗弁，債務者の取立てその他の処分の権限等，訴えによる代位行使の場合の訴訟告知）の規定を準用する。	なし

改正の要点

　本条は，被保全債権が金銭債権以外の債権である場合（いわゆる転用型の債権者代位権）の一類型を明文で規定した。すなわち，登記又は登録の請求権を被保全債権かつ被代位権利とする場合である。

　債権者代位権は，本来的には，債務者の責任財産を保全して強制執行の準備をするための制度であるから，被保全債権としては金銭債権が制度上想定されている。もっとも，被保全債権が金銭債権以外の債権である場合（いわゆる転用型）にも債権者代位権が認められる場合があることは広く承認されてきた。特に，登記請求権を被保全債権とする登記請求権の代位行使は確立した判例法理によって認められていたため，これを明文化したものである。よって，改正前と同様に，その他の転用型の債権者代位権も解釈によって認められうる。

　なお，経過措置については，施行日前に被代位権利が発生した場合には，旧法が適用される（附則18条2項）。

第10　詐害行為取消権

新民法条文	旧法条文
（詐害行為取消請求） 第424条　＜一部改正＞ 　1　債権者は，債務者が債権者を害することを知ってした行為の取消しを裁判所に請求することができる。ただし，その行為によって利益を受けた者（以下この款において「受益者」という。）がその行為の時において債権者を害することを知らなかったときは，この限りでない。 　2　前項の規定は，財産権を目的としない行為については，適用しない。 　3　債権者は，その債権が第1項に規定する行為の前の原因に基づいて生じたものである場合に限り，同項の規定による請求（以下この款において「詐害行為取消請求」という。）をすることができる。 　4　債権者は，その債権が強制執行により実現することのできないものであるときは，詐害行為取消請求をすることができない。	（詐害行為取消権） 第424条 　1　債権者は，債務者が債権者を害することを知ってした法律行為の取消しを裁判所に請求することができる。ただし，その行為によって利益を受けた者又は転得者がその行為又は転得の時において債権者を害すべき事実を知らなかったときは，この限りでない。 　2　前項の規定は，財産権を目的としない法律行為については，適用しない。
（財産の返還又は価格の償還の請求） 第424条の6　＜新設＞ 　1　債権者は，受益者に対する詐害行為取消請求において，債務者がした行為の取消しとともに，その行為によって受益者に移転した財産の返還を請求することができる。受益者がその財産の返還をすることが困難であるときは，債権者は，その価額の償還を請求することができる。	なし

2　債権者は，転得者に対する詐害行為取消請求において，債務者がした行為の取消しとともに，転得者が転得した財産の返還を請求することができる。転得者がその財産の返還をすることが困難であるときは，債権者は，その価額の償還を請求することができる。	
（被告及び訴訟告知） 第 424 条の 7　＜新設＞ 　1　詐害行為取消請求に係る訴えについては，次の各号に掲げる区分に応じ，それぞれ当該各号に定める者を被告とする。 (1)　受益者に対する詐害行為取消請求に係る訴え　受益者 (2)　転得者に対する詐害行為取消請求に係る訴え　その詐害行為取消請求の相手方である転得者 　2　債権者は，詐害行為取消請求に係る訴えを提起したときは，遅滞なく，債務者に対し，訴訟告知をしなければならない。	なし
（認容判決の効力が及ぶ者の範囲） 第 425 条　＜一部改正＞ 　詐害行為取消請求を認容する確定判決は，債務者及びその全ての債権者に対してもその効力を有する。	（詐害行為の取消しの効果） 第 425 条 　前条の規定による取消しは，すべての債権者の利益のためにその効力を生ずる。

1　改正の方向性

1）　被保全債権の要件明確化

　被保全債権の要件として，従来の判例では，被保全債権は「詐害行為の前に発生した」ものであることを要するという表現がされてきた（大判大正 6.1.30 民録 23 輯 1624 頁，最判昭和 33.2.21 民集 12 巻 2 号 341 頁）。

　しかし，実際には，詐害行為の前に厳密には具体的な債権が発生していないが債権発生の原因となる事実がすでに発生していたような場合に，詐害行為取消権の行使を認めた判例及び裁判例が存在する。例としては，詐害行為の前に発生していた債権につき詐害行為の後に発生した遅延損害金（最判平成 8. 2. 8 集民 178 号 215 頁），将来の婚姻費用の支払に関する債権であって調停又は審判によってその支払が決定されたもの（最判昭和 46. 9. 21 民集 25 巻 6 号 823 頁），並びに詐害行為の行われた後に白地手形の補充がされた場合の手形債権（名古屋高判昭和 56. 7. 14 判タ 460 号 112 頁）等が挙げられる。

　そこで，これらの判例を明文化する見地から，新民法 424 条 3 項では，詐害「行為の前の原因に基づいて生じた」という表現が用いられた。

2）　詐害行為取消の効果を債務者にも及ぼす

　従来の判例は，詐害行為取消の効果は債務者には及ばないとしていた（相対的効力）。

　しかし，詐害行為取消の効果が債務者に及ばないとすると，実務上生じるとされている次のような効果と矛盾が生じることが指摘されてきた。たとえば，逸出財産が不動産である場合には，当該不動産の登記名義が債務者の下に戻り債務者の責任財産として強制執行の対象になるとされていることや，債務者の受益者に対する債務消滅行為が取り消された場合には一旦消滅した受益者の債務者に対する債権が回復するとされていることなど（大判昭和 16. 2. 10 民集 20 巻 79 頁）である。

　そこで，新民法 425 条は，詐害行為取消の効果は債務者にも及ぶとした。

3）　詐害行為取消訴訟における債務者への訴訟告知義務付け

　上記 2）により，詐害行為取消訴訟における債務者の手続保障が問題となった。

　すなわち，新民法では，詐害行為取消の効果が債務者に及ぶことが明文化されたため，債務者に対し詐害行為取消の要件が具備されているか否かを争う機会（手続保障）を与える必要が明確になった。この手続保障の方法としては，債務者をも被告とするよう義務付ける（この場合，固有必要的共同訴訟となる）方法も考えられる。ところが，そうすると，債務者は実際には詐害

行為取消訴訟の帰趨に関心を持たないことも多いため，債権者と受益者・転得者との間で和解の意思が合致しているのに，債務者が出頭しないために裁判上の和解ができないといった実務上の問題が起こることが容易に想定された（必要的共同訴訟では，一部の共同訴訟人のみが和解を行うことはできない）。

そこで，新民法では，従来の判例を維持して債務者を被告としないながらも，新たに手続保障として債務者に対する訴訟告知を義務付けることとした。

2 改正の要点

1) 第424条について

(1) 第1項について

旧法では，詐害行為取消しの対象は「法律行為」と規定されていたが，実際には，時効中断事由としての債務の承認（新民法152条第1項）や法定追認の効果を生ずる行為（民法125条）なども詐害行為取消しの対象と解されていた。そこで，本項は，「法律行為」ではなく「行為」という表現に改めた。

(2) 第3項について

上記1の1)を受けて，被保全債権は詐害「行為の前の原因に基づいて生じた」ものであることを要件とした。

(3) 第4項について

債権者代位権に関する新民法423条3項と同趣旨である。

2) 第424条の6について

詐害行為取消訴訟における取消債権者の請求の内容として，従来の判例（いわゆる折衷説）を明文化する見地から，詐害行為の取消しの請求に加えて逸出財産の返還を請求することができ，また，現物返還が困難な場合は価額償還を請求できることとした。

3) 第424条の7について

(1) 第1項について

上記1の3)を受けて，詐害行為取消訴訟の被告は，受益者又は転得者

のみであり，債務者を被告とする必要はないことを明文化した。

(2)　第 2 項について

　　上記 1 の 3)を受けて，債権者は，詐害行為取消請求に係る訴えを提起
したときは，債務者に対する訴訟告知を遅滞なく行うことを義務付けられ
ることとなった。

4)　第 425 条について

　　上記 1 の 2)を受けて，詐害行為取消しの効果は債務者にも及ぶものとした。

　　なお，詐害行為取消しの効果は，債務者のほか，債務者に対する「全ての
債権者」にも及ぶとされているが，この「全ての債権者」には，詐害行為の
時又は判決確定の時より後に債権者となった者も含まれることが前提となっ
ている（部会資料 73 A・56 頁）。

5)　経過規定について

　　施行日前に詐害行為がされた場合におけるその行為に係る詐害行為取消権
については，なお従前の例による（附則 19 条）。この経過措置は，以下に記
載する詐害行為取消権に関する規定についても同様である。

新民法条文	旧法条文
（相当の対価を得てした財産の処分行為の特則） 第 424 条の 2　＜新設＞ 　債務者が，その有する財産を処分する行為をした場合において，受益者から相当の対価を取得しているときは，債権者は，次に掲げる要件のいずれにも該当する場合に限り，その行為について，詐害行為取消請求をすることができる。 　(1)　その行為が，不動産の金銭への換価その他の当該処分による財産の種類の変更により，債務者において隠匿，無償の供与その他の債権者を害することとなる処	なし

分（以下この条において「隠匿等の処分」という。）をするおそれを現に生じさせるものであること。 (2) 債務者が，その行為の当時，対価として取得した金銭その他の財産について，隠匿等の処分をする意思を有していたこと。 (3) 受益者が，その行為の当時，債務者が隠匿等の処分をする意思を有していたことを知っていたこと。	
（特定の債権者に対する担保の供与等の特則） 第424条の3　＜新設＞ 1　債務者がした既存の債務についての担保の供与又は債務の消滅に関する行為について，債権者は，次に掲げる要件のいずれにも該当する場合に限り，詐害行為取消請求をすることができる。 (1) その行為が，債務者が支払不能（債務者が，支払能力を欠くために，その債務のうち弁済期にあるものにつき，一般的かつ継続的に弁済することができない状態をいう。次項第1号において同じ。）の時に行われたものであること。 (2) その行為が，債務者と受益者とが通謀して他の債権者を害する意図をもって行われたものであること。 2　前項に規定する行為が，債務者の義務に属せず，又はその時期が債務者の義務に属しないものである場合において，次に掲げる要件のいずれにも該当するときは，債権者は，同項の規定にかかわらず，その行為について，詐害行為取消請求をすることができる。	なし

(1)　その行為が，債務者が支払不能になる 　　前 30 日以内に行われたものであること。 (2)　その行為が，債務者と受益者とが通謀 　　して他の債権者を害する意図をもって行 　　われたものであること。	
（過大な代物弁済等の特則） **第 424 条の 4　＜新設＞** 　債務者がした債務の消滅に関する行為で あって，受益者の受けた給付の価額がその行 為によって消滅した債務の額より過大である ものについて，第 424 条（詐害行為取消請求） に規定する要件に該当するときは，債権者 は，前条（特定の債権者に対する担保の供与等 の特則）第 1 項の規定にかかわらず，その消 滅した債務の額に相当する部分以外の部分に ついては，詐害行為取消請求をすることがで きる。	なし
（転得者に対する詐害行為取消請求） **第 424 条の 5　＜新設＞** 　債権者は，受益者に対して詐害行為取消請 求をすることができる場合において，受益者 に移転した財産を転得した者があるときは， 次の各号に掲げる区分に応じ，それぞれ当該 各号に定める場合に限り，その転得者に対し ても，詐害行為取消請求をすることができる。 (1)　その転得者が受益者から転得した者で 　　ある場合　その転得者が，転得の当時， 　　債務者がした行為が債権者を害すること 　　を知っていたとき。 (2)　その転得者が他の転得者から転得した 　　者である場合　その転得者及びその前 　　に転得した全ての転得者が，それぞれの	なし

転得の当時，債務者がした行為が債権者を害することを知っていたとき。

1　改正の方向性

1)　詐害行為取消しの典型的な場面を類型化

　新民法では，従前と同様に「債権者を害することを知ってした行為」という原則的な要件が維持されているものの，それに加えて，破産法上の否認権（破産法160条～162条）に対応して，詐害行為の典型的な場面3点における詐害行為取消しの要件を具体的かつ詳細に定めた。また，破産法170条に対応して，転得者に対する詐害行為取消権の要件も明文で定めた。

2)　破産法上の否認制度との関連性

　このような類型化は，もともと，詐害行為取消権と同様の機能を有する破産法上の否認権につき，その要件が平成16年の破産法改正で見直されたことから始まったものである。

　すなわち，否認権の要件が不明確かつ広範であると，経済的危機に直面した債務者と取引をする相手方が否認権を行使される可能性を意識して萎縮してしまう結果，債務者の資金調達や経済活動が阻害され，再建可能性のある債務者が破綻に追い込まれるおそれがあるという問題等を考慮したからであった。ところが，否認権の要件を明確にして限定しても，詐害行為取消権の要件がなお不明確かつ広範であると，取引の時点においては，その取引が詐害行為取消しの対象となるか否か分からず，そのため，経済的危機に直面した債務者と取引をする相手方が同様に萎縮してしまうことになるという指摘があった。

　また，否認の対象とならない行為が詐害行為取消しの対象となるという事態が生じ得るため，平時における一般債権者であれば詐害行為取消権を行使することができるのに，破産手続開始後における破産管財人は否認権を行使することができないという現象（いわゆる逆転現象）が生ずるのは適当ではないとも指摘された。

そこで，詐害行為取消権の要件も明確にして限定する方向となったものである。

このような経緯から，新民法において類型化された詐害行為の規定は破産法上の否認権の規定とほぼ足並みを揃えており，従前の判例法理とは必ずしもそぐわない文言となっている。今後，詐害行為取消しの要件の解釈においては，要件が全く同じというわけではないものの，否認権に関する判断が参照される機会が増えるものと思われる。

2　改正の要点

1）　第424条の2について

1点目の類型として，相当の対価を得てした財産の処分行為における特則を定めた。破産法161条1項と同様の規定である。

なお，新民法では，破産法161条2項のような規定（内部者が事情を知っていたことの推定規定）は定められていないが，同条項の類推適用や事実上の推定等によって対応が図られることが想定されている（部会資料73A・42頁）。

2）　第424条の3について

(1)　第1項について

2点目の類型として，特定の債権者に対する担保の供与又は債務の消滅に関する行為における特則を定めた。すなわち，そのような行為については，債務者の支払不能後に，債務者と受益者が通謀害意を持って（当然，支払不能であることも知って）行った場合のみ，詐害行為取消しを認めるものである。破産法162条1項1号とほぼ対応している。

(2)　第2項について

2点目の類型のうち，さらに非義務行為等の場合における特則を定めた。すなわち，非義務行為又は履行期よりも早期の履行であった場合には，詐害行為取消しの対象となる行為が支払不能の30日前までの行為に拡張される。破産法162条1項2号とほぼ対応している。

3）第 424 条の 4 について

　3 点目の類型として，過大な代物弁済等における特則を定めた。すなわ
ち，代物弁済が行われた場合，それがもし新民法 424 条の 3（2 点目の類型）
の要件を満たすならば，当然，債務の消滅に関する行為全体を詐害行為とし
て取り消すことができる。他方で，代物弁済が同条の要件を満たさなくて
も，債務消滅行為の給付額が債務に対して過大だった場合（過大な代物弁済
等）には，過大な差額部分のみ，同法 424 条 1 項の「債権者を害することを
知ってした行為」として，詐害行為取消の対象になりうることを明らかにし
た。破産法 160 条 2 項と同様の規定である。

4）第 424 条の 5 について

　転得者に対する詐害行為取消権の要件を定めた。すなわち，ある転得者並
びにそれ以前の受益者及び転得者の全てが，債務者のした行為が債権者を害
することを知っていた場合にのみ，その転得者に対する詐害行為取消権の行
使を認めたのである。

　なお，従前，破産法等における転得者に対する否認権の要件では，「二重
の悪意」，すなわち，債務者のした行為が債権者を害することと，それ以前
の受益者及び転得者もそれを知っていたことの両方を転得者が知っていたこ
とが必要であるとされていた。しかし，この「二重の悪意」を要件とするこ
とは厳格に過ぎるという批判があったため，今回の改正及びこれに伴う破産
法等の改正によって，詐害行為取消権においても否認権においても，「二重
の悪意」までは要求されないこととした。

第11　多数当事者（保証債務を除く）

新民法条文	旧法条文
［削除］	（連帯債務者の一人に対する履行の請求） 第434条 　連帯債務者の一人に対する履行の請求は，他の連帯債務者に対しても，その効力を生ずる。
（連帯債務者の一人との間の更改） 第438条 　［旧法第435条と同じ］	（連帯債務者の一人との間の更改） 第435条 　連帯債務者の一人と債権者との間に更改があったときは，債権は，すべての連帯債務者の利益のために消滅する。
（連帯債務者の一人による相殺等） 第439条　＜一部改正＞ 1　［旧法第436条第1項と同じ］ 2　前項の債権を有する連帯債務者が相殺を援用しない間は，その連帯債務者の負担部分の限度において，他の連帯債務者は，債権者に対して債務の履行を拒むことができる。	（連帯債務者の一人による相殺等） 第436条 1　連帯債務者の一人が債権者に対して債権を有する場合において，その連帯債務者が相殺を援用したときは，債権は，すべての連帯債務者の利益のために消滅する。 2　前項の債権を有する連帯債務者が相殺を援用しない間は，その連帯債務

	者の負担部分についての み他の連帯債務者が相殺 を援用することができる。
［削除］	（連帯債務者の一人に対する 免除） 第 437 条 　連帯債務者の一人に対して した債務の免除は，その連帯 債務者の負担部分についての み，他の連帯債務者の利益の ためにも，その効力を生ずる。
（連帯債務者の一人との間の混同） 第 440 条 　［旧法第 438 条と同じ］	（連帯債務者の一人との間の 混同） 第 438 条 　連帯債務者の一人と債権者 との間に混同があったときは， その連帯債務者は，弁済をし たものとみなす。
［削除］	（連帯債務者の一人について の時効の完成） 第 439 条 　連帯債務者の一人のために 時効が完成したときは，その 連帯債務者の負担部分につい ては，他の連帯債務者も，そ の義務を免れる。
（相対的効力の原則） 第 441 条　＜一部改正＞ 　第 438 条（連帯債務者の一人との間の更改）， 第 439 条（連帯債務者の一人による相殺等）第 1 項及び前条（連帯債務者の一人との間の混同）	（相対的効力の原則） 第 440 条 　第 434 条から前条までに規 定する場合を除き，連帯債務 者の一人について生じた事由

に規定する場合を除き，連帯債務者の一人について生じた事由は，他の連帯債務者に対してその効力を生じない。ただし，債権者及び他の連帯債務者の一人が別段の意思を表示したときは，当該他の連帯債務者に対する効力は，その意思に従う。	は，他の連帯債務者に対してその効力を生じない。
（連帯債務者の一人との間の免除等と求償権） **第445条　＜全面改正＞** 　連帯債務者の一人に対して債務の免除がされ，又は連帯債務者の一人のために時効が完成した場合においても，他の連帯債務者は，その一人の連帯債務者に対し，第442条（連帯債務者間の求償権）第1項の求償権を行使することができる。	**（連帯の免除と弁済をする資力のない者の負担部分の分担）** **第445条** 　連帯債務者の一人が連帯の免除を得た場合において，他の連帯債務者の中に弁済をする資力のない者があるときは，債権者は，その資力のない者が弁済をすることができない部分のうち連帯の免除を得た者が負担すべき部分を負担する。

1　改正の方向性

　連帯債務者の一人について生じた事由の効力につき，旧法は，他の連帯債務者の債務に対して影響を及ぼさないこと（相対効）を原則としつつも，他の連帯債務者の債務に対して影響が及ぶ場合（絶対効）を多数定めていた。これは，連帯債務者間には共同事業関係や共同生活関係が存在することが多いことを理由とするものであった。

　しかし，連帯債務者間の関係は様々であり，必ずしも主観的な共同関係が強い場合ばかりではない。また，連帯債務は，債務者が複数存在する場合において，債権の効力を強めるために一種の担保として用いられる制度であるところ，旧法では，免除や時効の完成など債権の効力を弱める行為にも絶対効を認めて

いた。そのため，担保力を弱めるのは制度趣旨にそぐわないから，不真正連帯債務と同様に相対効を広く認める解釈を行うべきであるとの意見もあった。

　このような議論状況にかんがみ，新民法では，絶対効の規定を大幅に削り，相対効の原則を広く適用させる方向とした。ただし，更改・相殺・混同の3つの場合は，債務の履行が行われた場合に近い利益状況であるため，絶対効が維持された。

　なお，新民法では，「多数当事者（保証債務を除く）」の分野において，上記の改正のほか，連帯債務者の求償権に関する改正（442条〜445条）も行われた。また，分割債務・連帯債務・不可分債務や分割債権・連帯債権・不可分債権について分類および規律を整理する改正（427条〜436条等）も行われた（その詳細については一問一答115〜126頁等参照）。

2　改正の要点

1）旧法第434条の削除について

　旧法は，債権の効力を弱める絶対的効力事由が多いこととのバランスを理由に，連帯債務者の一人に対する履行の請求を絶対効としていた（債権の効力を強める方向）。

　しかし，新民法では，債権の効力を弱める絶対的効力事由が減少するため，履行の請求を絶対効とする理由が薄まる。また，履行の請求に絶対的効力を認めると，債権者が他の連帯債務者に履行の請求を行うだけで，履行の請求を受けていない連帯債務者も当然に遅滞に陥って不測の損害を受けかねず，旧法434条はもともと実際上の妥当性を欠いていた。

　そこで，従前の規定を改め，原則通り相対効とした。

2）第439条第2項について

　旧法下の判例には，連帯債務者のうち反対債権を有する者以外の者による相殺援用（旧法436条2項）について，他の連帯債務者がその反対債権を自動債権とする相殺の意思表示をすることができるとしたものがあった。

　しかし，この判例に対しては，連帯債務者の間で相互に他人の債権を処分

することができることになり適当ではないという批判が強かった。そこで，新民法では，従前の判例を改め，他の連帯債務者は，反対債権を有する連帯債務者の負担部分の限度で，履行を拒絶できるのみであるとした。

3）旧法第437条の削除について

連帯債務者の一人に対する免除については，新民法では，従前の規定を削除して相対効の原則に委ねることとした。免除については様々な議論があったが，もし債権者が全ての債務者に対して債務を免除したいのであれば，免除したい債務者のいずれに対しても債務を免除すれば足り，特段の規定を置かなくても問題がないため，結局相対効の原則に落ち着いたものである。

なお，一部の連帯債務者に対して免除がなされ，他の連帯債務者が弁済を行った場合，弁済を行った連帯債務者は，免除を受けた連帯債務者に対しても，各自の負担部分について求償請求を行うことができる（新民法445条）。

4）旧法第439条の削除について

連帯債務者の一人についての時効の完成についても，従前の規定を削除して相対効の原則に委ねることとした。なお，一部の連帯債務者について時効が完成して援用がされたが，他の連帯債務者が弁済を行った場合，弁済を行った連帯債務者は，時効を援用した連帯債務者に対しても，各自の負担部分について求償請求を行うことができる（新民法445条）。

5）第441条について

新民法では，従前と同様に相対的効力の原則を定める一方，この規定が任意規定であり，当事者が別段の合意を行うことは妨げられないことを明確にした。

6）経過規定について

施行日前に生じた連帯債務（原因である法律行為が施行日前にされたものを含む）については，なお従前の例による（附則20条2項）。

第12 保証債務

＜新民法で追加された保証人保護の主な規律＞
※太字の条項については，後ほど条文を取り上げて説明する。

条項	対象となる保証契約	効　果	テーマ
458条の2	主債務者の**委託**を受けた保証・根保証契約	保証人が債権者に対して，主債務（元本・利息等）の不履行の有無・残額・弁済期到来額について，情報提供を請求できる	保証人への情報提供義務
458条の3	**個人**保証・根保証契約	債権者は，主債務の期限利益喪失を知ってから2か月以内にその旨を保証人に通知しない限り，その通知までに生じた遅延損害金を保証人に請求できない	
465条の2	**個人根保証**契約	極度額の定めがなければ無効	個人根保証人の責任の範囲を限定
465条の4	**個人根保証**契約	旧法の個人貸金等根保証契約についての確定事由のうち，一部を個人根保証一般に拡大	
465条の5第1項	法人**根保証**人の主債務者に対する求償権を保証する**個人**保証契約	法人根保証に極度額の定めがなければ，個人保証・根保証は無効	
465条の6 465条の7	①**事業**のために負担する**貸金等**債務を主債務とする**個人**保証・根保証契約	保証契約締結前に，保証人予定者が公正証書において保証意思を表示しない限り，個人保証は無効	事業に係る貸金等債務について，個人保証の契約締結を制限
465条の8	②**事業**のために負担する**貸金等**債務を主債務とする保証・根保証に関し，当該保証人の主債務者に対する求償権を保証する**個人**保証・根保証契約		

465条の9	上記①②	いわゆる経営者保証の場合には，例外的に上記①②の規律が適用されない	
465条の10	**事業のために負担する**債務を主債務とする**個人保証・根保証契約**	主債務者が保証人に対して自己の財産状況・他の債務・他の担保につき適切な情報を提供しなかったため，保証人がその誤認により保証契約を締結した場合において，債権者がそれを知り又は知りえたときは，保証人は保証契約を取り消せる	保証人への情報提供義務

用語	定　義	定義を定める条項
根保証契約	一定の範囲に属する不特定の債務を主たる債務とする保証契約	第465条の2第1項
個人根保証契約	根保証契約であって，保証人が法人でないもの※民法の規定における「法人」は，法人格を有しないが法人と同等に扱うべき団体も含んでいる（部会資料84-3・3頁参照）。	第465条の2第1項
個人貸金等根保証契約	個人根保証契約であって，その主債務の範囲に貸金等債務が含まれるもの　※旧法における個人による「貸金等根保証契約」（旧法第465条の2）と同一の概念である。	第465条の3第1項

新民法条文	旧法条文
（個人根保証契約の保証人の責任等）第465条の2　＜一部改正＞ 1　一定の範囲に属する不特定の債務を主たる債務とする保証契約（以下「根保証契約」という。）であって保証人が法人でないもの（以下「個人根保証契約」という。）の保証人は，主たる債務の元本，主たる債務に関する利息，違約金，損害賠償その他その債務に従たる全てのもの及びその	（貸金等根保証契約の保証人の責任等）第465条の2 1　一定の範囲に属する不特定の債務を主たる債務とする保証契約（以下「根保証契約」という。）であってその債務の範囲に金銭の貸渡し又は手形の割引を受

保証債務について約定された違約金又は
損害賠償の額について，その全部に係る
極度額を限度として，その履行をする責
任を負う。
2　個人根保証契約は，前項に規定する極
度額を定めなければ，その効力を生じな
い。
3　第446条（保証人の責任等）第2項及
び第3項の規定は，個人根保証契約にお
ける第1項に規定する極度額の定めにつ
いて準用する。

けることによって負担する
債務（以下「貸金等債務」
という。）が含まれるもの
（保証人が法人であるもの
を除く。以下「貸金等根保
証契約」という。）の保証
人は，主たる債務の元本，
主たる債務に関する利息，
違約金，損害賠償その他
その債務に従たるすべて
のもの及びその保証債務
について約定された違約
金又は損害賠償の額につ
いて，その全部に係る極
度額を限度として，その
履行をする責任を負う。
2　貸金等根保証契約は，
前項に規定する極度額を
定めなければ，その効力
を生じない。
3　第446条第2項及び第
3項の規定は，貸金等根
保証契約における第1項
に規定する極度額の定め
について準用する。

（個人根保証契約の元本の確定事由）
第465条の4　＜一部改正＞
1　次に掲げる場合には，個人根保証契約
における主たる債務の元本は，確定する。
ただし，第1号に掲げる場合にあっては，
強制執行又は担保権の実行の手続の開始
があったときに限る。
(1)　債権者が，保証人の財産について，金

（貸金等根保証契約の元本の
確定事由）
第465条の4
　次に掲げる場合には，貸金
等根保証契約における主たる
債務の元本は，確定する。
(1)　債権者が，主たる債
務者又は保証人の財産に

<table>
<tr>
<td>

銭の支払を目的とする債権についての強制執行又は担保権の実行を申し立てたとき。

(2)　保証人が破産手続開始の決定を受けたとき。

(3)　［改正なし］

2　前項に規定する場合のほか，個人貸金等根保証契約における主たる債務の元本は，次に掲げる場合にも確定する。ただし，第1号に掲げる場合にあっては，強制執行又は担保権の実行の手続の開始があったときに限る。

(1)　債権者が，主たる債務者の財産について，金銭の支払を目的とする債権についての強制執行又は担保権の実行を申し立てたとき。

(2)　主たる債務者が破産手続開始の決定を受けたとき。

</td>
<td>

ついて，金銭の支払を目的とする債権についての強制執行又は担保権の実行を申し立てたとき。ただし，強制執行又は担保権の実行の手続の開始があったときに限る。

(2)　主たる債務者又は保証人が破産手続開始の決定を受けたとき。

(3)　主たる債務者又は保証人が死亡したとき。

</td>
</tr>
</table>

1　改正の方向性

1）旧法下における規律

　旧法においても，平成16年改正の際に，貸金等根保証契約（新民法における「個人貸金等根保証契約」と同義）については，①極度額の定めの義務付け，②元本確定期日及び③元本確定事由が定められるなど，一定の保証人保護の規律が設けられていた（根保証の制限。同法465条の2以下）。他方で，貸金等根保証契約は主債務の範囲に貸金等債務が含まれるものに限られるので，それ以外の個人根保証契約（不動産賃貸借に係る賃借人の債務についての個人根保証契約など）については，このような保証人保護の規律がなかった。

2）極度額の定めの義務付けについて──適用対象を拡張

　しかし，根保証の極度額の制限の趣旨は，このような個人根保証契約一般

についても当てはまるものと考えられるため，新民法では，①の極度額の定めの義務付けの適用対象を，個人根保証一般に拡張することとした。

3)　元本確定事由について——適用対象をある程度拡張

　　他方，③の元本の確定事由の規律（旧法 465 条の 4）については，これを個人根保証一般に拡大することも検討されたが，一部の元本確定事由に関しては異論も存在した。たとえば，賃貸借契約に基づく賃借人の債務を主債務とする個人根保証契約については，主債務者（賃借人）が強制執行や破産手続開始決定を受けるなど賃借人の財産状態の著しい悪化を示す事由が発生しても，債権者（賃貸人）はそのことのみを理由としては賃貸借契約を解除することができない。それ故，これらの場合に元本が確定してしまう（すなわち，それ以降に発生する賃料等の債務が根保証の対象外となる）と，賃貸人に回復しがたい損害が生じるおそれがある。そこで，賃借人の債務に係る保証では，主債務者の財産状態の悪化を示す事由は元本確定事由としないようにするべきであるという意見があった（部会資料 83 - 2・18 頁以下参照）。この考え方は，解除が制限される他の継続的契約についても，多少なりとも当てはまりうる。そこで，新民法では，元本確定事由の規律の趣旨を一定程度個人根保証一般に拡大しつつも，主債務者が強制執行等又は破産手続開始の決定を受けたことは，従来どおり個人貸金等根保証契約に限って元本確定事由となることとした。

2　改正の要点

1)　第 465 条の 2 について

(1)　第 1 項・第 2 項について

　　上記 1 の 2）のような改正の経緯により，個人根保証契約一般について極度額の定めが義務付けられた。

　　したがって，たとえば，不動産賃貸借に係る賃借人の債務についての保証契約は，通常は賃料債務のほか原状回復義務に基づく債務その他不特定の債務の履行を担保するものであり，当然に個人根保証契約となる。それ

故, 極度額を定めなければ, 個人根保証契約は, 無効となるので, 注意を要する。

(2)　第3項について

新民法は新たに, 保証契約そのものと同様に, 個人根保証契約の極度額の定めも, 書面又は電磁的記録によって合意しなければその効力を生じないことを規定した。極度額の定めの内容としては, 保証契約の締結の時点で確定的な金額を書面又は電磁的記録上定めておかなければならないとされており, 例えば「賃料4か月分」との記載につき, 極度額は, その時々の賃料の4か月分を指すと解さざるを得ない場合は, 極度額の定めが不適切であり, 無効とされている (一問一答135 ~ 136頁, Q&A保証実務83 ~ 84頁)。

2)　第465条の4について

旧法465条の4では, 個人貸金等根保証契約に限り, 同条1号から3号の事由が元本確定事由となるとされていた (すなわち, それ以降に発生・取得した債権については根保証では担保されないこととなっていた。)。

上記1の3)のような改正の経緯により, 本条は, まず1項において, 個人根保証一般について, 保証人の財産について強制執行又は担保権実行の申立てがされたとき (1号), 保証人が破産手続開始の決定を受けたとき (2号), 又は主たる債務者又は保証人が死亡したとき (3号) には, 元本が確定するとした。すなわち, これらの元本確定事由は, 広く根保証一般について適用されることとなった。

そして, 本条2項では, 主債務者の財産に対する強制執行又は担保権実行の申立て (1号), 並びに主債務者の破産手続開始決定 (2号) は, 従前どおり, 個人貸金等根保証契約の場合に限って元本確定事由となるとした。

3)　「根保証」の意義と具体例

「根保証契約」とは, 「一定の範囲に属する不特定の債務を主たる債務とする保証契約」と定義されている (第465条の2第1項)。その意義については, 「不特定の債務」という文言からすれば, 「主たる債務が特定していない」場合に限るのが適切であろう。ただし, 個人根保証人保護の立場から, 債務の

不特定のみならず「主たる債務の金額が不特定」の場合も含まれるとする見解も有力となっている（Q＆A保証実務 77 〜 78 頁）。いずれの立場であっても，具体例としては，不動産賃借人の債務の保証のほか，継続的取引契約における取引債務や損害賠償債務の保証，あるいは介護施設の入居者が負う各種債務の保証などが挙げられる（一問一答 136 頁参照）。

4）　経過規定について

　　施行日前に締結された保証契約に係る保証債務については，なお従前の例による（附則 21 条 1 項）。この経過措置は，特記がない限り，本章で説明する保証債務に関する他の規定についても同様である。

　　なお，賃貸借契約等の継続的契約について施行日以後に合意更新（黙示も含む）がされた場合は，更新された契約には新法が適用される。のみならず，「契約期間満了までに両当事者が異議を述べない場合は自動的に更新される」などの自動更新条項に基づいて施行日以後に更新がされた場合も，不作為による更新合意があったと解されるので，更新後の契約には新法が適用されると考えられる（一問一答 381 頁）。

　　そこで，当該契約に付随して保証契約が締結されている場合に，主たる契約が施行日以後に更新された場合に，保証契約にも新法が適用されるか否かが問題となる。この点，建物賃貸借契約に伴って締結される保証契約については，借地借家法による法定更新の規定があること等の事情にかんがみ，「反対の趣旨をうかがわせるような特段の事情のない限り，保証人が更新後の賃貸借から生ずる賃借人の債務についても保証の責めを負う趣旨で合意がされたものと解するのが相当であり，保証人は，賃貸人において保証債務の履行を請求することが信義則に反すると認められる場合を除き，（合意）更新後の賃貸借から生ずる賃借人の債務についても保証の責めを免れない」（最判平成 9 年 11 月 13 日判時 1633 号 81 頁参照）という契約解釈の指針を示した判例がある。その結果，主たる契約の更新時に新たな保証契約が締結されるわけではないと解される場合は，新法は適用されないとされる（一問一答 384 頁注 2 参照）。これに対し，建物賃貸借以外の継続的契約においては，更新後の主契約から生じる債務についても保証したと言えるか否かはその保証

契約の意思解釈の問題であり，上記最判が建物賃貸借の法的性質や契約の実
情に注目していることにもかんがみれば，同列に論じることはできない。む
しろ，保証契約において特段の合意がない限り，主契約が施行日以後に合意
更新又は自動更新された場合は，主契約に付随する保証契約も新たに締結す
べきものと解するのが妥当である。

　のみならず，建物賃貸借契約においても，少なくとも主たる契約が合意更
新されていながら，これに付随する保証契約が新たに締結されたわけではな
いとする点について疑義がないわけではなく，今後の解釈問題となると思料
される。実務家としては，慎重を期すために，賃貸借契約を施行日以後に合
意更新する場合は，保証契約も新たに締結するものと解し，新法が適用され
ても特段の問題がないようにする必要があろう。

新民法条文

（公正証書の作成と保証の効力）
第465条の6　＜新設＞

1　事業のために負担した貸金等債務を主たる債務とする保証契約又は主
たる債務の範囲に事業のために負担する貸金等債務が含まれる根保証契
約は，その契約の締結に先立ち，その締結の日前1箇月以内に作成され
た公正証書で保証人になろうとする者が保証債務を履行する意思を表示
していなければ，その効力を生じない。

2　前項の公正証書を作成するには，次に掲げる方式に従わなければなら
ない。

(1)　保証人になろうとする者が，次のイ又はロに掲げる契約の区分に応じ，
当該イ又はロに定める事項を公証人に口授すること。

　イ　保証契約（ロに掲げるものを除く。）

　　　主たる債務の債権者及び債務者，主たる債務の元本，主たる債務に
関する利息，違約金，損害賠償その他その債務に従たる全てのものの
定めの有無及びその内容並びに主たる債務者がその債務を履行しない
ときには，その債務の全額について履行する意思（保証人になろうと
する者が主たる債務者と連帯して債務を負担しようとするものである場合
には，債権者が主たる債務者に対して催告をしたかどうか，主たる債務者

がその債務を履行することができるかどうか，又は他に保証人があるかどうかにかかわらず，その全額について履行する意思）を有していること。

　ロ　根保証契約　　主たる債務の債権者及び債務者，主たる債務の範囲，根保証契約における極度額，元本確定期日の定めの有無及びその内容並びに主たる債務者がその債務を履行しないときには，極度額の限度において元本確定期日又は第465条の4（個人根保証契約の元本確定事由）第1項各号若しくは第2項各号に掲げる事由その他元本を確定すべき事由が生ずる時までに生ずべき主たる債務の元本及び主たる債務に関する利息，違約金，損害賠償その他その債務に従たる全てのものの全額について履行する意思（保証人になろうとする者が主たる債務者と連帯して債務を負担しようとするものである場合には，債権者が主たる債務者に対して催告をしたかどうか，主たる債務者がその債務を履行することができるかどうか，又は他に保証人があるかどうかにかかわらず，その全額について履行する意思）を有していること。

(2)　公証人が，保証人になろうとする者の口述を筆記し，これを保証人になろうとする者に読み聞かせ，又は閲覧させること。

(3)　保証人になろうとする者が，筆記の正確なことを承認した後，署名し，印を押すこと。ただし，保証人になろうとする者が署名することができない場合は，公証人がその事由を付記して，署名に代えることができる。

(4) 公証人が，その証書は前3号に掲げる方式にしたがって作ったものである旨を付記して，これに署名し，印を押すこと。

3　前2項の規定は，保証人となろうとする者が法人である場合には，適用しない。

（公正証書の作成と保証の効力に関する規定の適用除外）
第465条の9　＜新設＞
　前3条の規定は，保証人となろうとする者が次に掲げる者である保証契約については，適用しない。
(1)　主たる債務者が法人である場合のその理事，取締役，執行役又はこれらに準ずる者
(2)　主たる債務者が法人である場合の次に掲げる者
　イ　主たる債務者の総株主の議決権（株主総会において決議をすることができる事項の全部につき議決権を行使することができない株式についての議決権を除く。以下この号において同じ。）の過半数を有する者

> 　ロ　主たる債務者の総株主の議決権の過半数を他の株式会社が有する場
> 　　合における当該他の株式会社の総株主の議決権の過半数を有する者
> 　ハ　主たる債務者の総株主の議決権の過半数を他の株式会社及び当該他
> 　　の株式会社の総株主の議決権の過半数を有する者が有する場合におけ
> 　　る当該他の株式会社の総株主の議決権の過半数を有する者
> 　ニ　株式会社以外の法人が主たる債務者である場合におけるイ，ロ又は
> 　　ハに掲げる者に準ずる者
> (3) 主たる債務者（法人である者を除く。以下この号において同じ。）と共同
> 　して事業を行う者又は主たる債務者が行う事業に現に従事している主た
> 　る債務者の配偶者

1　改正の方向性

1）事業に係る貸金等債務について，個人保証を制限

　個人が保証人となる場合のうち，事業のために借り入れた資金の返還に係る債務を主たる債務とする保証については，保証債務が予想を超えて多額になる例が散見される。そのため，主債務者との情誼から保証を行ったにすぎない保証人が責任追及を受けて破綻するなど深刻な問題が生じており，そのような主債務に係る個人保証は，原則的に禁止すべきであるという意見が強く唱えられた（「保証制度の抜本的改正を求める日弁連意見書」平成 24.1.20 ほか）。

　しかし，他方で，中小企業や中小企業への融資を多く行う金融機関からは，個人保証により貸付を行うことへの強い要望もあった。また，貸金等根保証契約については，保証人の予測可能性を確保するために極度額を定めなければならないなどの手当てがされていること等を踏まえると，事業に関わらない貸金等根保証契約を一律に否定するまでの必要性はないという意見もあった。

　そこで，新民法では，事業のために負担した貸金等債務についての個人による保証・根保証（以下「事業性貸金等債務の保証」という。）につき，原則的に，保証の意思について詳しく表示した公正証書（保証意思宣明公正証書）の事前作成手続（以下，本解説文中では「公正証書作成手続」という。）を義務

づけて，保証人の保証意思の存在を事前に確認することとし，これを行わなければ保証は無効とするとした。

　なお，法務省から公証人等に対する通達として，「民法の一部を改正する法律の施行に伴う公証事務の取扱いについて（通達）」（法務省民総第 190 号，令和元年 6 月 24 日）が発出された（以下，本解説文中では「本通達」という）。この通達は，上記のような新民法の趣旨や国会における附帯決議（巻末の参議院附帯決議五の 1 及び 2，十一，並びに衆議院附帯決議四参照）を受けて，「保証意思宣明公正証書の作成については，……従来にも増して慎重な証書作成が求められる」という観点から定められた通達である。公正証書作成手続について詳細に定めており，実務上非常に参考になると思われる。

2）　いわゆる経営者保証における例外

　これに対し，いわゆる経営者については，経営の規律付けの必要性があることや，情誼性からの安易な保証が考えにくいこと，及び経営者が主債務者に関する情報を有することから，公正証書作成手続を例外的に免除する方向とした。ただし，この経営者の範囲も大きな論点となった。詳細は第 465 条の 9 の解説に譲る。

2　改正の要点

1）　第 465 条の 6 について

⑴　第 1 項・第 3 項について

　1 項により，事業性貸金等債務の保証については，保証契約締結の 1 か月前から締結までの間に，保証人予定者が保証債務を履行する意思を表示した公正証書（保証意思宣明公正証書）を作成することを原則として義務付け，これに反した場合には保証契約は無効となることを定めた。

　本規定の対象は，主債務が「事業のために負担した（する）貸金等債務」の場合であるところ，「事業」とは一定の目的をもってされる同種の行為の反復継続的遂行をいい，例えば，子の奨学金や居住用不動産を購入するための貸金等債務はこれにあたらないが，賃貸用の不動産を購入・

建築するための貸金等債務（いわゆるアパートローン）はこれにあたるとされる（一問一答 147 頁注）。なお，資金使途が自由であると明示して貸付がされた貸金等債務（いわゆるフリーローン）については，「事業のために負担した貸金等債務」と言えるか否か疑問があるが，保証人保護の観点から，「当該貸付金を事業資金として使用することが排除されていない」として，これに当たるとする見解が有力となっている（Ｑ＆Ａ保証実務 109 ～ 110 頁）。いずれにしても，保証契約時の諸事情に基づく意思解釈の問題と思われる。

　また，「事業のため」に該当するか否かは，貸金等債務を負担した時点における貸付等の基礎事情に基づいて客観的に定まるものとされ，その資金が実際に事業に用いられたか否かは決め手にならないとされている（一問一答 147 頁参照。もっとも，同書では「借主が実際には事業に用いることを意図していたとしても，事業以外の目的をその使途であると説明し……貸主においても事業資金ではないとの認識で貸し付けた場合には，現にその金銭が事業に使われたとしても，借主がその債務を負担した時点においては，借主は事業のためにその債務を負担したとはいえない」とも指摘されている。いずれにしても，資金が実際に事業に用いられた場合は，貸主にも事業資金との認識があったのではないかを慎重に判断する必要があるように思われる）。

　なお，実務上は，公正証書作成手続と同一の機会に，保証契約そのものの公正証書の作成が行われるということが想定される。その場合，保証人が，同時に出頭した債権者や主債務者の心理的圧迫を受けて，熟慮しないまま公正証書作成手続に続けて執行認諾文言を付した保証契約締結を行ってしまうおそれも考えられる。それ故，公証人には，保証人になろうと決断した経緯についても確認するなど，保証人の保証意思につき，より一層慎重な確認を行うことが求められる（Ｑ＆Ａ保証実務 134 頁参照。なお，具体的方法については後述する）。

(2)　第 2 項について

　保証人になろうとする者は，公証人に対して，本項 1 号イ及びロに定める事項を口授しなければならないものとした。すなわち，債権者・債務者，主たる債務の元本・利息・違約金等の内容（根保証の場合は主債務の範囲も），

主たる債務の履行がなされないときは債務全額（根保証の場合は極度額を上限とする全額）について履行する意思などを口授することとした。また，連帯保証の場合は，催告の抗弁・検索の抗弁がない旨も口授することとした。

その目的は，保証人になろうとする者が，保証契約のリスクを十分に理解した上で，真に保証債務を履行する意思があるか否かを見極めるためである。この保証契約のリスクとは，保証人自身が直面しうる具体的な不利益であり，例えば，保証債務を履行できなければ，住居用の不動産を強制執行されて生活の本拠を失ったり，給与を差し押さえられて生活の維持が困難になったり，預金を差し押さえられて当座の生活にも困窮しうることを理解しているかを十分に見極めることが要請される。

また，後述（465 条の 10）のとおり，主債務者が保証人となろうとする者に対し，自らの財産及び収支などの情報を提供する義務を負うところ，公証人が保証意思を確認する際には，当該情報も踏まえての保証意思であるか否かを確認し，もし当該情報の提供を受けていなければ，受けるように促す運用をすべきものとされている。また，理解の程度を確認するため，保証人になろうとした経緯についても聴取すべきとされている（以上については，一問一答 145 ～ 146 頁，本通達 6 ～ 7 頁）。

なお，本条及び第 465 条の 7（口がきけない者等についての特則）からも分かるように，保証人予定者の口授等は代理人によって行うことはできず，必ず本人が公証人の面前で行わなければならない。また，介助者を同席させる必要があるなどの合理的な理由がある場合を除き，第三者（特に債権者や主債務者）を立ち会わせるべきではないとされている（本通達 7 頁）。

2）第 465 条の 9 について

(1) 柱書について

いわゆる経営者保証の場合には，例外的に，公正証書作成手続は義務付けられないとされた。このような例外となる，いわゆる経営者保証の範囲については，次のとおりである。

(2)　第 1 号について

　　主債務者が法人である場合について「その理事，取締役，執行役又はこれらに準ずる者」を列挙している。これらの者は主債務者の重要な業務執行を決定する権限を法律上有するため，経営規律維持等の見地から個人保証制限の例外としたものである。

　　このような趣旨からも分かるように，「これらに準ずる者」とは，主債務者が株式会社以外の法人（持分会社，一般社団法人，公益社団法人，投資法人又は権利能力なき社団等）である場合における，主債務者の重要な業務執行を決定する機関又はその構成員の地位にある者に限られるものと解される。それ故，監査役・監事・評議員等はこれにあたらない。また，いわゆる「執行役員」などと呼ばれている者であっても，取締役・執行役・理事ではなく従業員等に過ぎなければ，これにあたらない（一問一答153頁。2号ニの文言も参照）。

(3)　第 2 号について

　　主債務者が法人である場合の議決権の過半数を有する者及びそれに準ずる者を列挙し，これらも経営規律維持等の観点から個人保証制限の例外とした。

　　このうちロ及びハは，間接的に議決権の過半数を有する場合を例外に含めたものである。議決権の過半数を判定する際に，自己が議決権の過半数を有する会社の議決権も含めて判定することとしている。

(4)　第 3 号について

　　主債務者が個人である場合における，①共同事業者と，②主債務者の事業に現に従事している主債務者の配偶者を列挙している。

　　このうち，①共同事業者については，経営規律に関わる者として個人保証制限の例外とされた。これは，事業を共同で行う契約が存在し，それぞれが事業の遂行に関与する権利を有するとともに，利益の分配など事業の成功に直接的な利害関係を有する場合を指す（一問一答154頁）。

　　これに対し，②共同事業者ではないが事業に現に従事している配偶者については，権限上単なる従業員であるため，経営者保証を例外とする趣旨

は必ずしもあてはまらないように思われ，また，情誼性ゆえの安易な保証がまさに問題となるような類型であると思われる。他方で，個人事業主の配偶者を保証人にすることについては，個人事業主では経営と家計の分離が必ずしも十分ではないとして，中小企業や中小企業への融資の割合が多い金融機関からの要請が強く，むしろ個人事業主の子などについても公正証書作成手続を不要とすべきであるといった意見もあった。

　このような状況下での政策的な妥協の結果，新民法では，個人事業主の「事業に現に従事している」配偶者については，事業の状況などをよく知りうる立場にあり保証のリスクを認識することが可能であるし，配偶者は損益を実質的に共有する立場にあるとして，公正証書作成手続の必要がないという規定になった。

　ただし，この「事業に現に従事している」とは，保証契約締結時に当該事業に実際に従事していると評価できる者であり，単に書類上事業に従事していたり，保証契約の締結に際して一時的に従事したというのでは足りないと解される（一問一答155〜156頁）。

　のみならず，配偶者が事業に従事しているものの業務執行の決定に関与しておらず経営状況もよく知らないという場合もあるので，このような場合に保証意思宣明公正証書の作成を免除することは妥当とは言えない。そこで，経営規律維持や情誼性等の観点から見て，この「事業に現に従事している」配偶者とは，共同事業者に準ずるような配偶者のみを指すと解釈すべきである（潮見改正法概要144頁参照）。

　なお，このような疑義もあり，要件解釈において実質に踏みこまざるをえない状況なのであれば，原則どおり一律に公正証書作成手続を必要としても特段，融資の支障にはならないと思われ，この配偶者に関する例外規定を削除する方向で早期に再改正すべきである（巻末の参議院附帯決議五の3及び衆議院附帯決議四の3参照）。

3）経過規定について

　公正証書作成手続は，改正の施行日の1か月前の日（2020年3月1日）から行うことができる（附則21条2項3項，1条3号等）。

新民法条文	旧法条文
（契約締結時の情報の提供義務） 第465条の10　＜新設＞ 　1　主たる債務者は，事業のために負担する債務を主たる債務とする保証又は主たる債務の範囲に事業のために負担する債務が含まれる根保証の委託をするときは，委託を受ける者に対し，次に掲げる事項に関する情報を提供しなければならない。 　⑴　財産及び収支の状況 　⑵　主たる債務以外に負担している債務の有無並びにその額及び履行状況 　⑶　主たる債務の担保として他に提供し，又は提供しようとするものがあるときは，その旨及びその内容 　2　主たる債務者が前項各号に掲げる事項に関して情報を提供せず，又は事実と異なる情報を提供したために委託を受けた者がその事項について誤認をし，それによって保証契約の申込み又はその承諾の意思表示をした場合において，主たる債務者がその事項に関して情報を提供せず又は事実と異なる情報を提供したことを債権者が知り，又は知ることができたときは，保証人は，保証契約を取り消すことができる。 　3　前2項の規定は，保証をする者が法人である場合には，適用しない。	なし

1　改正の方向性

　事業のために負担する債務を主債務とする保証・根保証契約においては，保

証人に対し，主債務者の状況につき適切な説明がされなかったために，保証人の当初の予想に反して多額の保証債務の履行を求められるという事態が生じるという問題があった。

そこで，当初は，債権者に，保証契約の時点で保証人に適切な情報を提供する義務を課すことが検討された。しかし，主債務者の信用情報等を，他人である債権者が保証人に提供できるとする点に問題があるとされたため，最終的には，主債務者が自ら保証人にこのような情報を提供する制度となった。

他方で，情報提供義務の実効性を確保する必要があるため，主債務者がかかる情報を提供せず又は誤った情報を提供した場合には，債権者がそのことについて認識し又は認識できたことを条件に保証を取り消すことができる制度とした。これによって，実際上，債権者が保証人への情報提供に関与せざるを得ない方向としたものである。

2 改正の要点

1) 第465条の10について

本規定の適用対象は，個人が行う，「事業のために負担する債務」を主債務とする保証・根保証である（本条1項，3項）。事業のために負担する債務は多額になりうるものであり，個人である保証人にとって負担が大きいからである。なお，これは公正証書作成手続（456条の6）の適用対象に類似しているが（要件解釈も参考になると思われる），主債務が貸金等債務に限定されない点は異なる。

本条1項では，主債務者が，保証人になろうとする者に対し，あらかじめ自己の財産及び収支の状況（1号），他の債務の有無や額及び履行状況（2号），並びに主債務の担保として他に提供するものの有無や内容等（3号）に関する情報を提供することを義務付けた。

そして，本条2項では，これらの情報を提供せず，又は事実と異なる情報を提供したことによって，保証人予定者がその情報を誤認し，これによって保証契約が締結された場合に，これらを債権者が知り，又は知ることができ

たときには，保証人による保証契約の取消ができることとした。このような場合は，第三者による詐欺（新民法96条2項）と同じ構造と捉えることができるからである。

　この規定により，債権者には，主債務者が保証人に対し情報を提供せず又は誤った情報を提供した場合には，後日保証契約が取り消されてしまうというリスクが生じる。

　従って，たとえば貸付金額から見て主債務者の信用状況が芳しいとは言えないのに保証人候補者が現れた場合は，主債務者が適切な情報提供をしていない，又はするつもりがない可能性が考えられる。それ故，債権者としては，主債務者の保証人候補者に対する実際の情報提供の場に立ち会って，確認する必要があろう。

2）　情報提供義務履行についての表明保証

　債権者が，「主債務者の情報提供が適切にされた」旨の一種の表明保証のような文書を取り付けることが想定されるが，これにより本条の取消権が失われることはないと解される。本条の保証人保護の趣旨に照らせば，取消権の事前放棄ないしこれと同様の結果を認めるべきではないからである。この文書をもとに，保証人が債権者に対する損害賠償責任を負うか否かについても，原則として，そのような責任は認められないと考えられる（Q＆A保証実務71～73頁参照）。

新民法条文	旧法条文
（主たる債務の履行状況に関する情報の提供義務） 第458条の2　＜新設＞ 　保証人が主たる債務者の委託を受けて保証をした場合において，保証人の請求があったときは，債権者は，保証人に対し，遅滞なく，主たる債務の元本及び主たる債務に関する利息，違約金，損害賠償その他その債務に従たる全てのものについての不履行の有無並びに	なし

これらの残額及びそのうち弁済期が到来しているものの額に関する情報を提供しなければならない。	
（主たる債務者が期限の利益を喪失した場合における情報の提供義務） 第 458 条の 3 ＜新設＞ 　1　主たる債務者が期限の利益を有する場合において，その利益を喪失したときは，債権者は，保証人に対し，その利益の喪失を知った時から 2 箇月以内に，その旨を通知しなければならない。 　2　前項の期間内に同項の通知をしなかったときは，債権者は，保証人に対し，主たる債務者が期限の利益を喪失した時から同項の通知を現にするまでに生じた遅延損害金（期限の利益を喪失しなかったとしても生ずべきものを除く。）に係る保証債務の履行を請求することができない。 　3　前 2 項の規定は，保証人が法人である場合には，適用しない。	なし

改正の要点

1）　第 458 条の 2 について

　　保証人は，主債務者の弁済状況や債務残額に大きな利害を持っているところ，これを最も確実に知る方法は，債権者に対して照会することである。

　　しかし，旧法には，保証人が債権者に対して照会した場合に債権者がどのような義務を負うかについて規定がなかったため，金融機関などからも，守秘義務があるため，保証人から照会を受けた事項に回答すべきか否か迷う場合があるとの指摘があった。

　　そこで，新民法では，主債務の履行状況について保証人が知る手段を設け

るために，債権者が委託を受けた保証人の照会に応じて一定の情報を提供すべきであることを定めた。提供すべき情報の内容としては，保証人が現時点又は将来に負う責任の内容を把握するために必要なものという観点から，債務不履行の有無，債務残額，及び弁済期が到来した金額とした。他方で，これらの情報は主債務者の経済的信用などに関する情報であるから，債権者に情報提供を請求できる保証人は，主債務者から委託を受けた保証人に限られている。

　この規定は，保証人が法人である場合にも適用される（次条3項参照）。

2）　第458条の3について

　旧法においては，主債務者が主債務について期限の利益を喪失しても保証人がそれを知り得ない可能性があったところ，債権者から保証人に対する請求が大幅に遅れた場合には，個人保証人が残債務全額について長期間にわたる遅延損害金を突然請求され，個人の生計等に支障が生じるという酷な結果になることが指摘されていた。

　そこで，本条は，主債務者が期限の利益を喪失した場合に，債権者がそのことを知ってから2カ月以内に個人保証人にその旨を通知しなければ，通知までに生ずる遅延損害金を個人保証人に対して請求できないものとした。逆に言えば，債権者が期限の利益喪失を知ってから2カ月以内に通知するならば，債権者は保証人に対し全期間分の遅延損害金を請求できることになる。

　通知期限の起算点が期限の利益喪失時ではなく債権者がそれを知った時点である理由は，支払遅滞以外の期限の利益喪失事由（たとえば，主債務者が差押えを受けたことが期限の利益喪失事由として契約の中に定められていることがある）が発生した場合，債権者がそれをすぐに知りえるとは限らないからである。

　なお，本規定で問題になるのは「期限の利益の喪失」による残債務全額についての遅延損害金であって，期限の利益を喪失しなかったとしても生ずる遅延損害金については，個人保証人に対する請求も特に妨げられない（2項括弧書）（一問一答133頁）。

　この規律は，保証人が個人の場合にしか適用されない（3項）。

第13　債権譲渡

新民法条文	旧法条文
（債権の譲渡性） 第466条　＜全面改正＞ 　1　（改正なし） 　2　当事者が債権の譲渡を禁止し，又は制限する旨の意思表示（以下「譲渡制限の意思表示」という。）をしたときであっても，債権の譲渡は，その効力を妨げられない。 　3　前項に規定する場合には，譲渡制限の意思表示がされたことを知り，又は重大な過失によって知らなかった譲受人その他の第三者に対しては，債務者は，その債務の履行を拒むことができ，かつ，譲渡人に対する弁済その他の債務を消滅させる事由をもってその第三者に対抗することができる。 　4　前項の規定は，債務者が債務を履行しない場合において，同項に規定する第三者が相当の期間を定めて譲渡人への履行の催告をし，その期間内に履行がないときは，その債務者については，適用しない。	（債権の譲渡性） 第466条 　1　債権は，譲り渡すことができる。ただし，その性質がこれを許さないときは，この限りでない。 　2　前項の規定は，当事者が反対の意思を表示した場合には，適用しない。ただし，その意思表示は，善意の第三者に対抗することができない。
（預金債権又は貯金債権に係る譲渡制限の意思表示の効力） 第466条の5　＜新設＞ 　1　預金口座又は貯金口座に係る預金又は貯金に係る債権（以下「預貯金債権」という。）について当事者がした譲渡制限の意思表示は，第466条（債権の譲渡性）第2	なし

項の規定にかかわらず，その譲渡制限の意思表示がされたことを知り，又は重大な過失によって知らなかった譲受人その他の第三者に対抗することができる。 　2　前項の規定は，譲渡制限の意思表示がされた預貯金債権に対する強制執行をした差押債権者に対しては，適用しない。	

1　改正の方向性

　旧法下では，債権の譲渡制限特約の効力を絶対的無効とするのが判例通説であった。

　しかし，近時の判例（最判平成 21.3.27 民集 63 巻 3 号 449 頁）には，譲渡人がこの特約による無効を主張できない旨を判示したものがあり，学説上も，絶対的無効説が債権譲渡担保などによる資金調達の障害となっていることなどを背景に，この特約の効力を限定する見解が有力となった。

　そこで，新民法は，この特約が，債権譲渡に伴う事務手続の煩雑さ等を回避するなど「履行の相手方を固定する」という債務者の利益を保護するものにすぎないとする立場に立ち，譲渡制限特約の付いた債権であっても譲渡自体は有効としつつ，その上で債務者のこのような利益を保護するための規定を定める方向とした。

2　改正の要点

1）　第 466 条について

（1）　第 2 項について

　　債権譲渡の自由の原則（本条 1 項）を重視し，債権譲渡は譲渡制限特約があっても有効であることを明文化した。なお，新民法は譲渡制限特約のことを「譲渡制限の意思表示」と表現しているが，これは遺贈のように債務者の単独の意思表示により債権が発生する場合には「特約」ではなく債

権者の単独の意思表示により譲渡を禁止し又は制限することもあり得るからである（一問一答162頁）。

(2)　第3項について

譲渡制限特約付きの債権が譲渡された場合に，同特約の存在を知り，又は重大な過失により知らなかった債権の譲受人その他の第三者（以下，債権譲渡の解説では「譲受人等」という）に対する債務者の支払い拒絶権などの抗弁権（以下「特約の抗弁（権）」という）を定めた。これは「履行の相手方を固定する」という債務者の利益を保護した趣旨である。

なお，悪意者のみならず重過失のある者も特約の抗弁の対抗を受ける点は，旧法466条2項ただし書についての判例の考え方（重過失のある善意の譲受人に譲渡制限特約を対抗できる）を踏襲するものである。

(3)　第4項について

履行遅滞に陥っている債務者が履行の催告に応じない場合には，もはや特約の抗弁権による保護に値しないものと考えられる。そこで，譲受人その他の第三者が「譲渡人」（譲受人ではない）に対する履行について相当期間を定めた催告をしたにもかかわらず催告に応じない債務者について，特約の抗弁権を認めないこととした。債権が譲受人に譲渡されている以上，譲渡人にはもはや債務者に対して履行を求めるインセンティブはなく，他方で債務者が譲受人に特約の抗弁を対抗して債務の履行を免れようとするおそれがあるので，かかる履行の催告をする権利を譲受人その他の第三者に与えたものである。

2)　第466条の5について

預貯金債権の場合，頻繁に口座への入出金が行われるので，新民法466条2項及び3項をそのまま適用すると金融システムに大きな混乱が生じるおそれがあることから，預貯金債権についてのみ同条の例外とした。この新民法466条の5の文言上は，譲渡制限特約を知り又は重大な過失により知らなかった譲受人等に対して特約の抗弁を対抗できる旨が規定されているが，預貯金債権について譲渡制限特約が付されていることは周知の事実である（最判昭和48.7.19民集27巻7号823頁）ので，譲受人等は常に特約の抗弁の対

抗を受けることになり，結局のところ債権譲渡は効力を生じないこととなる。

3)　経過措置について

　　施行日前に債権の譲渡の原因である法律行為がされた場合におけるその債権の譲渡については，なお従前の例による（附則 22 条）。この経過措置は，以下に記載する債権譲渡に関する規定についても同様である。

新民法条文	旧法条文
（譲渡制限の意思表示がされた債権に係る債務者の供託） 第 466 条の 2　＜新設＞ 　1　債務者は，譲渡制限の意思表示がされた金銭の給付を目的とする債権が譲渡されたときは，その債権の全額に相当する金銭を債務の履行地（債務の履行地が債権者の現在の住所により定まる場合にあっては，譲渡人の現在の住所を含む。次条において同じ。）の供託所に供託することができる。 　2　前項の規定により供託をした債務者は，遅滞なく，譲渡人及び譲受人に供託の通知をしなければならない。 　3　第 1 項の規定により供託をした金銭は，譲受人に限り，還付を請求することができる。	なし
第 466 条の 3　＜新設＞ 　前条第 1 項に規定する場合において，譲渡人について破産手続開始の決定があったときは，譲受人（同項の債権の全額を譲り受けた者であって，その債権の譲渡を債務者その他の第三者に対抗することができるものに限る。）は，譲渡制限の意思表示がされたことを知り，又は重大な過失によって知らなかったときであっても，債務者にその債権の全額に相当す	なし

る金銭を債務の履行地の供託所に供託させることができる。この場合においては，同条第2項及び第3項の規定を準用する。	
（譲渡制限の意思表示がされた債権の差押え） 第 466 条の 4　＜新設＞ 　1　第 466 条（債権の譲渡性）第 3 項の規定は，譲渡制限の意思表示がされた債権に対する強制執行をした差押債権者に対しては，適用しない。 　2　前項の規定にかかわらず，譲受人その他の第三者が譲渡制限の意思表示がされたことを知り，又は重大な過失によって知らなかった場合において，その債権者が同項の債権に対する強制執行をしたときは，債務者は，その債務の履行を拒むことができ，かつ，譲渡人に対する弁済その他の債務を消滅させる事由をもって差押債権者に対抗することができる。	なし

改正の要点

1)　第 466 条の 2 について

　(1)　第 1 項について

　　　債務者においては，譲受人が譲渡制限特約の存在を知っていたかどうかが分からず，特約の抗弁に基づく履行拒絶に踏み切れない場合も想定される。そこで，債務者の利益保護のため，金銭債権に限って，譲渡制限特約付債権が譲渡されたときには債務者の供託を認めることとした。ただし，その債権の全額に相当する金銭を供託しなければならない。

　　　なお，譲渡制限特約があっても債権譲渡自体は有効である（新民法 466条 2 項）から，債権譲渡の通知を受けた債務者は「債権者不確知」とはいえず，これによる供託（民法 494 条 2 項）の要件は満たさないので，供託

原因の記載の際には注意を要する。

(2) 第2項について

　供託したことについて，債権の譲渡人と譲受人の双方への通知を義務付けることとした。

(3) 第3項について

　譲渡制限特約付きの債権の譲渡が有効であることの帰結として，還付請求権が譲受人のみに帰属することとした。

2）第466条の3について

　譲渡制限特約付きの金銭債権が譲渡され，譲渡人について破産手続開始の決定があった場合に，債務者が譲渡人の破産管財人への弁済をもって譲受人に対抗できるとすると，譲受人による債権の全額の回収が困難となるおそれがある。そこで，譲渡人の破産開始決定後は，譲受人が債務者に対して「金銭債権の全額に相当する金銭」を供託するよう請求できることとした。

3）第466条の4について

(1) 第1項について

　私人間の合意により差押禁止債権を作出することを認めるべきでないという判例の考え方を明文化し，強制執行をした差押債権者に対しては，譲渡制限特約を理由とする抗弁を認めないこととした。なお，約定担保権に基づく差押の場合には，本条項は適用されない（部会資料74A・5頁）。

(2) 第2項について

　債務者が譲受人に対して主張し得る事由は，その譲受人の差押債権者に対しても主張し得ることとした。これは，譲受人の差押債権者が，譲受人が有する権利（特約の抗弁付き債権）以上の権利を取得できるものとすべきでないからである。なお，同項が，「譲受人の債権者」ではなく「第三者の債権者」と規定しているのは，譲受債権の質権者などを想定している。

新民法条文	旧法条文
（債権の譲渡における債務者の抗弁） 第 468 条　＜全面改正＞ 　1　債務者は，対抗要件具備時までに譲渡人に対して生じた事由をもって譲受人に対抗することができる。 　2　第 466 条（債権の譲渡性）第 4 項の場合における前項の規定の適用については，同項中「対抗要件具備時」とあるのは，「第 466 条第 4 項の相当の期間を経過した時」とし，第 466 条の 3（譲渡制限の意思表示がされた債権に係る債務者の供託）の場合における同項の規定の適用については，同項中「対抗要件具備時」とあるのは，「第 466 条の 3 の規定により同条の譲受人から供託の請求を受けた時」とする。	（指名債権の譲渡における債務者の抗弁） 第 468 条 　1　債務者が異議をとどめないで前条の承諾をしたときは，譲渡人に対抗することができた事由があっても，これをもって譲受人に対抗することができない。この場合において，債務者がその債務を消滅させるために譲渡人に払い渡したものがあるときはこれを取り戻し，譲渡人に対して負担した債務があるときはこれを成立しないものとみなすことができる。 　2　譲渡人が譲渡の通知をしたにとどまるときは，債務者は，その通知を受けるまでに譲渡人に対して生じた事由をもって譲受人に対抗することができる。

改正の要点

1)　第 1 項について

　旧法 468 条第 1 項前段は，異議なき承諾による債務者の抗弁権喪失を認めていた。

　しかし，債務者が，債権譲渡につき異議なき承諾という観念の通知をした
だけで抗弁権を失うこととするのは，債務者の意思に反しその保護に欠ける
こととなる。

　そこで，新民法は，旧法 468 条 1 項前段の規定を削除し，債務者が，意思
表示によって抗弁権を放棄することは格別，そのような意思表示をしていな
い場合には，対抗要件を具備するまでに生じていた抗弁権を引き続き行使可
能であることとした。この点，事前の包括的な抗弁放棄の意思表示が認めら
れるか否かも議論されたが，少なくとも債務者が抗弁権の存在を知り得ない
ような場合にまで事前の放棄を認めるのは，本条の趣旨にそぐわないと思わ
れる。

　なお，「債権譲渡と相殺」に関する新民法 469 条の規定については「差押
えと相殺」についての新民法 511 条の関連論点として解説している。

2)　**第 2 項**について

　新民法 466 条 4 項の場合における前項の規定の適用について，同項の「対
抗要件備時」を 466 条 4 項の「相当の期間を経過した時」と読み替える旨
の規定であり，譲受人が債務者に直接に履行請求ができるようになった時点
までに既に生じていた抗弁事由を引き続き譲受人に対抗することが可能であ
るとした。新民法 466 条の 3 の供託の請求についても同様とした。

第14 弁 済

新民法条文	旧法条文
（弁済） 第473条 ＜新設＞ 　債務者が債権者に対して債務の弁済をしたときは，その債権は，消滅する。	なし
（第三者の弁済） 第474条 ＜全面改正＞ 　1 債務の弁済は，第三者もすることができる。 　2 弁済をするについて正当な利益を有する者でない第三者は，債務者の意思に反して弁済をすることができない。ただし，債務者の意思に反することを債権者が知らなかったときは，この限りでない。 　3 前項に規定する第三者は，債権者の意思に反して弁済をすることができない。ただし，その第三者が債務者の委託を受けて弁済をする場合において，そのことを債権者が知っていたときは，この限りでない。 　4 前3項の規定は，その債務の性質が第三者の弁済を許さないとき，又は当事者が第三者の弁済を禁止し，若しくは制限する旨の意思表示をしたときは，適用しない。	（第三者の弁済） 第474条 　1 債務の弁済は，第三者もすることができる。ただし，その債務の性質がこれを許さないとき，又は当事者が反対の意思を表示したときは，この限りでない。 　2 利害関係を有しない第三者は，債務者の意思に反して弁済をすることができない。

（債務の履行の相手方） 第478条 ＜一部改正＞ 　<u>受領権者（債権者及び法令の規定又は当事者の意思表示によって弁済を受領する権限を付与された第三者をいう。以下同じ。）以外の者であって取引上の社会通念に照らして受領権者と認められる外観を有するもの</u>に対してした弁済は，その弁済をした者が善意であり，かつ，過失がなかったときに限り，その効力を有する。	（債権の準占有者に対する弁済） 第478条 　債権の準占有者に対してした弁済は，その弁済をした者が善意であり，かつ，過失がなかったときに限り，その効力を有する。
［削除］	（受取証書の持参人に対する弁済） 第480条 　受取証書の持参人は，弁済を受領する権限があるものとみなす。ただし，弁済をした者がその権限がないことを知っていたとき，又は過失によって知らなかったときは，この限りでない。

改正の要点

1）　第473条について

　　債務が弁済によって消滅することを明文化した。

2）　第474条について

　（1）　第2項について

　　　本文は旧法474条2項の規律から実質的な変更はない。なお，旧法474条2項の「利害関係を有しない第三者」について，新民法は，民法500条の記載に合わせ「弁済をするについて正当な利益を有する者でない第三者」に改めている。

　また，旧法 472 条 4 項のように債務者の意思によって弁済の効力が影響を受けるとした場合，債務者の意思を知らない債権者の保護に欠けることとなるため，新民法は，債権者が債務者の意思に反する弁済であることを知らなかったときは弁済は有効となることとした。

(2)　第 3 項について

　本文は，債務者の意思に反しないものであっても，債権者は原則として，正当な利益を有する者でない第三者の弁済について，受領を拒絶できることとした。

　また，同項ただし書は，例外として「債務者の委託を受けてするもので，債権者がそのことを知っていた場合」には，第三者弁済を拒絶できないこととした。

3）　第 478 条について

　旧法 478 条の「債権の準占有者」の意義が分かりにくいことから，新民法は「受領権者以外の者であって取引上の社会通念に照らして受領権者と認められる外観を有するもの」と改めた。そして，債権者の外観を有する者のほか，債権者を代理して弁済を受領する権限を有する外観を有する者も同様に扱うこととした。なお，本条の外観法理は，表見代理の外観法理とは違い，真の権利者の帰責性は要求していない。

4）　旧法第 480 条の削除について

　「受領権者以外の者であって取引上の社会通念に照らして受領権者と認められる外観を有するもの」には真正の受取証書の持参人も含まれることから，旧法 480 条は削除した。

5）　経過措置について

　施行日前に債務が生じた場合（施行日以降に債務が生じた場合であって，その原因である法律行為が施行日前にされたときを含む）におけるその債務の弁済については，なお従前の例による（附則 25 条 1 項）。この経過措置は，以下に記載する弁済に関する規定についても同様である。

新民法条文	旧法条文
（担保保存義務） 第504条 ＜一部改正＞ 　1 弁済をするについて正当な利益を有する者（以下この項において「代位権者」という。）がある場合において，債権者が故意又は過失によってその担保を喪失し，又は減少させたときは，その代位権者は，代位をするに当たって担保の喪失又は減少によって償還を受けることができなくなる限度において，その責任を免れる。その代位権者が物上保証人である場合において，その代位権者から担保の目的となっている財産を譲り受けた第三者及びその特定承継人についても，同様とする。 　2 前項の規定は，債権者が担保を喪失し，又は減少させたことについて，取引上の社会通念に照らして合理的な理由があると認められるときは，適用しない。	（債権者による担保の喪失等） 第504条 　第500条の規定により代位をすることができる者がある場合において，債権者が故意又は過失によってその担保を喪失し，又は減少させたときは，その代位をすることができる者は，その喪失又は減少によって償還を受けることができなくなった限度において，その責任を免れる。

改正の要点

1）　第1項について

　　前段は，実質的に旧法504条からの変更はない。後段は，判例が担保減少後に新たに物上保証人となった者にも担保保存義務違反の効果が及ぶことを認めている（最判平成3.9.3民集45巻7号1121頁）ことを踏まえ，これを明文化したものである。

2）　第2項について

　　担保の喪失・減少につき合理的な理由がある場合には，担保保存義務違反の効果が生じないこととした。この点，判例は，金融機関が担保保存義務免除特約を締結している場合に，この特約が取引通念から見て合理性を有し代

位権者の正当な期待を奪うものでない限り有効であるとしており，このような合理性がない場合には担保保存義務が免除されない旨を示している（最判平成 7.6.23 民集 49 巻 6 号 1731 頁ほか）。本項は，この判例の趣旨を明文化するものである。

第15 相 殺

新民法条文	旧法条文
（不法行為等により生じた債権を受働債権とする相殺の禁止） 第 509 条 ＜全面改正＞ 　次に掲げる債務の債務者は，相殺をもって債権者に対抗することができない。ただし，その債権者がその債務に係る債権を他人から譲り受けたときは，この限りでない。 　(1)　悪意による不法行為に基づく損害賠償の債務 　(2)　人の生命又は身体の侵害による損害賠償の債務（前号に掲げるものを除く。）	（不法行為により生じた債権を受働債権とする相殺の禁止） 第 509 条 　債務が不法行為によって生じたときは，その債務者は，相殺をもって債権者に対抗することができない。

1　改正の方向性

　旧法 509 条の趣旨は，被害者の救済の実現を図り，かつ，報復的な不法行為により債権者が損害賠償債務を意図的に生じさせることを防ぐことにあった。

　しかし，まず，双方過失の不法行為による物的損害の場合にも相殺を禁止する（最判昭和 49.6.28 民集 28 巻 5 号 666 頁）ことは合理性を欠くとの批判が強く，人身損害についてのみ現実的な救済を図れば足りるとされた。また，報復的な不法行為を防止するのであれば，損害を与える意図を有する「悪意」の不法行為の場合に相殺を禁止すれば足りるとされた。

2　改正の要点

1)　第1号について

　相殺禁止の対象となる不法行為による損害賠償債務を，「悪意」（損害を与える意図）によるものに限定することとした。

2）　第2号について

　　生命・身体の侵害を受けた者については現実の損害賠償を受けさせる必要
性が高いことから，不法行為だけでなく債務不履行による損害賠償債務も含
めて相殺禁止の対象とすることとした。

3）　ただし書について

　　各号記載の損害賠償債務であっても，当該債務に係る債権を譲り受けた者
に対しては相殺可能であることとした。そのような者は相殺についての合理
的期待を有するとは言えないからである。

4）　経過措置について

　　施行日前に債権が生じた場合（施行日後以後に債権が生じた場合であって，
その原因である法律行為が施行日前にされたときを含む）におけるその債権を受
働債権とする相殺については，なお従前の例による（附則26条2項）。

新民法条文	旧法条文
（差押えを受けた債権を受働債権とする相殺の禁止） 第511条　＜一部改正＞ 　1　差押えを受けた債権の第三債務者は，差押え後に取得した債権による相殺をもって差押債権者に対抗することはできないが，差押え前に取得した債権による相殺をもって対抗することができる。 　2　前項の規定にかかわらず，差押え後に取得した債権が差押え前の原因に基づいて生じたものであるときは，その第三債務者は，その債権による相殺をもって差押債権者に対抗することができる。ただし，第三債務者が差押え後に他人の債権を取得したときは，この限りでない。	（支払の差止めを受けた債権を受働債権とする相殺の禁止） 第511条 　支払の差止めを受けた第三債務者は，その後に取得した債権による相殺をもって差押債権者に対抗することができない。

関連論点（債権の譲渡における相殺権） 第 469 条　＜新設＞ 　1　債務者は，対抗要件具備時より前に取得した譲渡人に対する債権による相殺をもって譲受人に対抗することができる。 　2　債務者が対抗要件具備時より後に取得した譲渡人に対する債権であっても，その債権が次に掲げるものであるときは，前項と同様とする。ただし，債務者が対抗要件具備時より後に他人の債権を取得したときは，この限りでない。 (1)　対抗要件具備時より前の原因に基づいて生じた債権 (2)　前号に掲げるもののほか，譲受人の取得する債権の発生原因である契約に基づいて生じた債権 　3　第 466 条（債権の譲渡性）第 4 項の場合における前 2 項の規定の適用については，これらの規定中「対抗要件具備時」とあるのは，「第 466 条第 4 項の相当の期間を経過した時」とし，第 466 条の 3（譲渡制限の意思表示がされた債権に係る債務者の供託）の場合におけるこれらの規定の適用については，これらの規定中「対抗要件具備時」とあるのは，「第 466 条の 3 の規定により同条の譲受人から供託の請求を受けた時」とする。	なし

1　改正の方向性

(1)　差押え又は債権譲渡（以下，この解説では「差押え等」という）と相殺の優劣については，旧法は 511 条の定めしかなかったため，相殺の担保的効

力に配慮したこれまでの判例の考え方（いわゆる無制限説）を明文化する
こととした。

(2)　さらに，委託を受けた保証人が，破産手続開始決定（差押え等と同視で
きる）後に保証債務を履行したことにより生じた求償権を自働債権として
相殺できるとした判例（最判平成 24.5.28 判時 2156 号 46 頁）の考え方を受
けて，差押え等の後に取得した債権であっても，差押え等の「前の原因」
に基づいて生じた債権であれば，これをもって相殺できる旨を明文化した
（新民法 511 条 2 項及び 469 条 2 項 1 号）。

(3)　のみならず，債権譲渡については，債権譲渡後も譲渡人と債務者との取
引が継続することが想定され，取引の継続が通常は想定されない差押えに
比して相殺の期待を保護する必要性が高いため，将来債権の譲渡の場合を
念頭に，無制限説の規律をより進めることとした（新民法 469 条 2 項 2 号）。

2　改正の要点

1)　第 511 条について

(1)　第 1 項について

旧法 511 条に加え，反対解釈（受働債権の差押えに対し，差押え前に取得
した自働債権による相殺をもって対抗することができる）をも明文化した。

(2)　第 2 項について

本文は，上記 1(2)の考え方をもとに，差押え後に取得した自働債権で
あっても，差押え「前の原因」により生じたものである場合は相殺を認め
ることとした。ただし，第三債務者が，差押え後に他人の債権を譲り受け
た場合には，かかる期待を保護する必要がないため，相殺を認めていない
（本条ただし書）。

(3)　経過措置について

施行日前の原因に基づいて債権が生じた場合におけるその債権を自働債
権とする相殺については，なお従前の例による（附則 26 条 3 項）。

第 15　相　殺

2)　第 469 条について

(1)　第 1 項について

債権譲渡と相殺の優劣関係について，無制限説を明文化した。

(2)　第 2 項について

本項 1 号は，上記 1(2)の考え方をもとに，債権譲渡の対抗要件具備時より「前の原因」に基づいて生じた債権による相殺ができることを明文化したものである。

本項 2 号は，上記 1(3)の考え方をもとに，対抗要件具備時より前の原因に基づく債権ではないものの，それが「譲受人の取得する債権の発生原因である契約に基づいて生じた債権」であれば，これを自働債権とする相殺ができる旨を定めた。これは，例えば，将来の売買代金債権が譲渡された後に，当該売買代金を発生させる売買契約の目的物に「契約内容に適合しない」部分（瑕疵）が生じたときは，買主が取得する損害賠償請求権（新民法 564 条及び 415 条）をもって，譲渡された売買代金債権との間で相殺できるとするものである（部会資料 74 A・15 頁）。

(3)　経過措置について

施行日前に債権の譲渡の原因である法律行為がされた場合におけるその債権の譲渡については，なお従前の例による（附則 22 条）。

第16　定 型 約 款

新民法条文

（定型約款の合意）
第 548 条の 2　＜新設＞
　1　定型取引（ある特定の者が不特定多数の者を相手方として行う取引であって，その内容の全部又は一部が画一的であることがその双方にとって合理的なものをいう。以下同じ。）を行うことの合意（次条において「定型取引合意」という。）をした者は，次に掲げる場合には，定型約款（定型取引において，契約の内容とすることを目的としてその特定の者により準備された条項の総体をいう。以下同じ。）の個別の条項についても合意をしたものとみなす。
　(1)　定型約款を契約の内容とする旨の合意をしたとき。
　(2)　定型約款を準備した者（以下「定型約款準備者」という。）があらかじめその定型約款を契約の内容とする旨を相手方に表示していたとき。
　2　前項の規定にかかわらず，同項の条項のうち，相手方の権利を制限し，又は相手方の義務を加重する条項であって，その定型取引の態様及びその実情並びに取引上の社会通念に照らして第 1 条第 2 項に規定する基本原則に反して相手方の利益を一方的に害すると認められるものについては，合意をしなかったものとみなす。

1　改正の方向性

1)　現代社会では約款による取引が大量・頻繁に行われているところ，それにも関わらず，民事基本法たる民法に約款ルールが定められていないことは，重大な不備と言わざるを得なかった。

　また，そのような状況であるため，旧法下において，火災保険の加入者は反証のない限り約款の内容による意思で契約をしたものと推定すべきであるとした判例（大判大正 4.12.24 民録 21 輯 2182 頁）がありながら，他方で当事者が約款の内容を認識していないとして約款の効力を否定した裁判例（札幌地判昭和 54.3.30 判時 941 号 111 頁）があるなど，約款に関するルールが不透

明で不安定な状況であった。

　さらに，約款に関して，「債務者に故意又は重大な過失がある場合であっても，その損害賠償責任を低額で限定する旨の条項が不当条項として排除される」とした判例（最判平成 15. 2. 28 判タ 1127 号 112 頁ほか）の存在も，一般国民には知られていない。そのため，同様の事案において不当条項排除による救済を受けることができなかった者も存すると思われる。

　のみならず，このような約款は，事業者と消費者間の取引のみならず事業者間取引においても見られる。たとえば，事業者間においてコンピューターソフトウェア利用規約を用いて取引契約をした場合も，この規約は約款に当たると解されている（部会資料 86 - 2・2 頁，一問一答 247 頁注 2 は事業者間取引に用いられる預金規定やコンピューターソフトウェアのライセンス規約も定型約款に当たるものが多いとする）。

　そこで，消費者契約法ではなく，民法に約款に関するルールを設け，約款に関する規律を透明化及び安定化させ，かつ，不当条項規制など相手方である国民や事業者（以下，定型約款の解説においては「相手方」という）を保護するルールを明示する方向となった。

2)　契約の一般原則から言えば，本来は「合意なくして拘束なし」であるべきところ，定型約款については，相手方が，その条項の内容を認識していない場合が圧倒的に多く，このような場合には合意原則の例外を認めざるを得ない。

　そこで，定型約款については，一方で，一定の要件のもとで合意したものとみなしつつ（以下「みなし合意」という），他方で，不当条項をみなし合意から排除して，相手方が一方的な不利益を受けないようにする必要があった。

　また，当該定型約款に含まれていることが相手方にとって通常は予測できない条項（不意打ち条項）についても，同様に信義則に反する場合には「みなし合意」から排除する必要があった。以下では，不当条項と不意打条項の規制を総称して不当条項規制という。

2　改正の要点

1）定型約款の概念について

　　今回の改正の議論の過程では，広く約款に関するルールを定めることが提案されていた（中間試案補足 365 頁以下）。そこにおいて，約款とは「多数の相手方との契約の締結を予定してあらかじめ準備される契約条項の総体であって，それらの契約の内容を画一的に定めることを目的として使用するものをいう」とされた。

　　しかし，これに対しては，主として経済界から約款の定義が広すぎるので限定すべきであるなどの批判があった。そこで，これに配慮して約款のうちの「定型約款」に限定してルールを設けたものである（部会資料 86 - 2・1 頁参照）。

　　すなわち，本条は，まず「定型取引」の定義として，「ある特定の者が不特定多数の者を相手方として行う取引であって，その全部又は一部が画一的であることがその双方にとって合理的なものをいう」とし，その上で定型約款とは「定型取引において，契約の内容とすることを目的としてその特定の者により準備された条項の総体をいう」としている。

　　この点，部会資料 86 - 2 によれば，「定型約款の定義の該当性については，①ある特定の者が不特定多数の者を相手方として行う取引であるか否か，②取引内容の全部又は一部が画一的であることがその当事者双方にとって合理的なものか否か……を判断することになる。事業者間で行われる取引は，相手方の個性に着目したものも少なくなく（①），また，その契約内容が画一的である理由が単なる交渉力の格差によるものであるときには，契約内容が画一的であることは相手方にとっては合理的とはいえないものと考えられる（②）。」とされている（同 1 頁。なお，同部会資料には③として契約内容を「補充することを目的とする」旨が要件として上げられていたが，この点は後に修正され，本条では単に定型取引において「契約の内容とすることを目的」とするとの規定がされた。一問一答 243 頁以下）。

　　しかし，まず①については，本条には「相手方の個性に着目した」という

文言自体はなく，これに関しては「不特定多数」を相手方とする取引か否か
が問題となるにすぎない。その「不特定多数」の意味が問題となるが，将来
において取引に入る相手方が多数あることを想定して画一的な内容の条項を
作成した場合においても，それは「不特定多数」の者を相手方とするものと
言えると思われる。

　　また，②については，上記のとおり「その契約内容が画一的である理由が
単なる交渉力の格差によるものであるとき」は，これに該当しない旨の説明
がされているが，本条には交渉力格差に関する文言も存しない。また，事業
者と消費者間の取引に利用される約款のほとんどが交渉力格差によるもの
であり，これが排除されることになるのは定型約款制度を設けた趣旨と矛
盾するなどの指摘もある（第98回部会議事録8頁，21頁）。したがって，「取
引内容の画一性が交渉力格差によるものか否か」が基準とはなり難く，端的
に「取引の内容が画一的であることがその双方にとって合理的か否か」を問
題とすべきと思われる。そこで，この「合理的」の意味が問題となるが，そ
れは，その内容が画一的であることが当事者双方にとって「取引通念上一般
的である」ことを意味する（この点から労働契約は除外されると考える）と解
される。このような考え方に立てば，定型約款は，生命保険約款，損害保険
約款，旅行業約款，旅客運送約款，宿泊約款，運送約款，預金規定，コン
ピュータ・ソフトウェアの利用規約，同ライセンス規約など，従来典型的な
約款とされたもの及びこれに準じるものを意味すると解するのが妥当である
（これら我が国で一般に「約款」と呼ばれているもののほとんどが定型約款に該当
することについては，潮見改正法概要226頁参照）。なお，「これに準じるもの」
としては，多数の大規模な居住用建物の賃貸借契約において用いられる賃貸
借約款などが挙げられる（一問一答246頁注，定型約款の実務59頁以下参照）。

2)　**第1項について**

　　本項は，当事者が定型取引を行うことの合意をした場合に，(ア)定型約款を
「契約の内容とする旨の合意をしたとき」（同項1号），又は(イ)定型約款を準
備した者（定型約款準備者）が，「あらかじめその定型約款を契約の内容とす
る旨を相手方に表示していたとき」（同項2号）に限り，定型約款の条項に

ついて合意したものとみなしている。

　そうすると，例えば不特定多数の者に対して施設や設備の提供を行う事業
者が，定型約款により利用者と契約をする場合は，少なくとも契約時に(イ)の
表示をする必要がある（定型約款の条項それ自体を契約時に表示することまで
は要求されない）。ここで「表示」するとあるのは，「公表」とは異なるので，
たとえば上記の施設の利用契約などにおいては，ユーザーの利用申込書など
の中に，「当施設の利用においては，当施設の備置する定型約款により契約
するものとする」旨の個別の表示をしておくなどの対応が必要となる。

　なお，公共交通機関の旅客運送約款などにおいては，当該定型約款が契
約の内容となる旨をあらかじめ相手方に個別に表示することは困難であり，
「民法の一部を改正する法律の施行に伴う関係法律の整備等に関する法律」
に基づき鉄道営業法など関連法規が改正され，定型約款を「公表」すれば足
りるとされた（同法303条ほか参照）。

3）　**第2項について**

　本項は，上記1の2）の趣旨を受けて，不当条項のみならず不意打ち条項
をも一体的に規制するものである。

　すなわち，まず，定型約款条項のうち①相手方の権利を制限し，又は相手
方の義務を加重する条項（趣旨からすれば義務を新設するものも含まれる）で
あって，②その定型取引の態様及びその実情並びに取引上の社会通念に照ら
して信義則に反して相手方の利益を一方的に害するものについては，「合意
をしなかったものとみなす」とされ，その適用が排除される。その例として
は，相手方に対して過大な違約罰を定める条項，定型約款準備者の故意又は
重過失による損害賠償責任を免責する条項などが挙げられる（一問一答252
頁注1）。

　このように，民法の信義則の規定（1条2項）とは別に不当条項を排除す
る旨を明文化した理由は，定型約款を用いた契約が「希薄な合意」であるた
めに，類型的に信義則に反して相手方の利益を一方的に害する定型約款条項
が定められるおそれがあることに配慮したからである。そうすると，例えば
インターネットで商品を購入するなどの場合に，相手方が詳細な定型約款の

内容を確認しないまま「同意する」旨のクリックをしても，不当条項は排除されることとなる。

　なお，消費者契約法 10 条との関係については，同条は消費者と事業者間の格差に鑑み不当な条項を排除するものであり，趣旨を異にする（部会資料 86 - 1 ・ 4 頁）。それ故，事業者と消費者間の定型約款については，本項による不当条項排除はもとより，消費者契約法 10 条の要件を充たす場合はこれによる無効をも主張することが可能である。

　また，不意打ち条項についても，同様に①及び②の要件を充たす場合は，当事者の合意から排除される。例えば，定型約款の中に「Aという商品を購入した場合は，Bという商品の購入契約も自動的に成立する」とする条項があったときは，少なくともそのBの対価がAと同じかそれ以上であったときは不意打ち条項に当たり，これが相手方の義務を加重し信義則に反して相手方の利益を一方的に害するものとして，排除される（同書同頁）。

　さらに，定型約款以外の約款についても，これを用いた契約が，同様に「希薄な合意」に当たると言えるので，同項の類推適用により，不当条項や不意打ち条項が排除されると考える。私見では，上記のとおり定型約款は従来の典型的な約款ないしこれに準じるものに限られるが，不当条項規制は定型約款以外の約款にも広く類推適用されるので，「その他の約款」による取引についても相手方の利益を保護することが可能となる。

4）経過措置について

　新民法の施行日前に定型約款に係る契約が成立したか否かに関わらず，原則として定型約款については新民法が適用されることとなった（附則 33 条 1 項本文）。これは，旧法において，定型約款の要件及び変更の可否について不明な部分があり，できる限り定型約款のルールを及ぼすべきことからである。ただし，旧法の規定によって生じた効力を妨げないとして，旧法下で有効とされた典型的な約款の効力を維持するものとした（附則同項ただし書）。もっとも，旧法下においても上記の判例により不当条項が排除されており，かつ，旧法下の約款であっても施行日以後は新法の規定を参照して不当条項性が判断されると思われるので，不当条項については実質的に新法の趣旨が

適用されることになろう。

　また，施行日前に定型約款を用いた契約が成立しており，かつ，この契約
の当事者の一方が書面（メールなど電磁的記録による場合を含む。）により定型
約款の規定の適用に反対した場合は，新民法は適用されないとしてその当事
者が定型約款の拘束力から離脱できることを認めた（附則同条2項）。ただし，
定型約款に「定型約款の変更がされた場合は解除できる」旨の特約があるな
ど契約又は法律の規定により解除権を「現に行使できる」場合は，解除権に
より離脱できることから，同附則本文は適用されない（附則同項括弧書）。

　なお，かかる反対の意思表示は，新民法の公布日から起算して1年を超え
ない範囲内において政令で定めた日（平成30年4月1日）から施行日までの間
にしなければならない（附則同条3項，附則1条2号，法務省webサイトの「定
型約款に関する規定の適用に反対する『反対の意思表示』について」参照）。

　これらの経過措置は，以下に記載する定型約款に関する規定についても同
様である。

新民法条文

（定型約款の内容の表示）
第548条の3　＜新設＞
　1　定型取引を行い，又は行おうとする定型約款準備者は，定型取引合意
　の前又は定型取引合意の後相当の期間内に相手方から請求があった場合
　には，遅滞なく，相当な方法でその定型約款の内容を示さなければなら
　ない。ただし，定型約款準備者が既に相手方に対して定型約款を記載し
　た書面を交付し，又はこれを記録した電磁的記録を提供していたときは，
　この限りでない。
　2　定型約款準備者が定型取引合意の前において前項の請求を拒んだとき
　は，前条の規定は，適用しない。ただし，一時的な通信障害が発生した
　場合その他正当な事由がある場合は，この限りでない。

第16 定型約款

1 改正の方向性

　今回の改正の議論の過程では，約款の拘束力の根拠を当事者間の合意に求める立場が有力であり，約款が当事者間の契約の内容となるための「組入要件」が必要であるとされた（中間試案補足368頁）。そして，その要件として，約款に係る契約の締結前に「相手方が合理的な行動を取れば，約款の内容を知ることができる機会が確保されている」ことが必要であるとされた。

　しかし，これに対しては，主として経済界から「常に約款の事前の開示や認識可能性を要件とすると現実的に対応が難しい」旨の意見が出された。

　そこで，この点に配慮し，定型約款においては，「組入要件」と「定型約款の開示」の問題とを切り離し，当事者間の契約の内容となるためには事前の開示までは要求せず，これとは別に定型約款条項の開示義務規定を置くこととした。

2 改正の要点

　上記1を受けて，本条1項においては，定型約款準備者は，定型取引合意の前又は定型取引合意の後相当の期間内に，相手方から請求があった場合には，遅滞なく相当な方法でその定型約款の内容を示さなければならないとした。

　これにより，常に事前開示する必要はないものの，遅くとも相手方からの請求後に「遅滞なく」定型約款を開示しなければならない。この規定により，「一方当事者が定型約款を備えていないにも関わらず，自己に有利な内容の定型約款条項があると称してその適用を主張し，後日に定型約款を作成して訴訟において裁判所に提出する」などの事態を防ぐことが可能となったと解される。

　さらに，定型約款準備者が，定型取引合意の前において正当な理由なく上記の相手方の請求を拒んだ場合は，当該定型約款条項については合意から排除されるとした（本条2項）。これも，上記の不適正な事態を防ぐことにつながるものである。

新民法条文

（定型約款の変更）
第548条の4　＜新設＞

1　定型約款準備者は，次に掲げる場合には，定型約款の変更をすることにより，変更後の定型約款の条項について合意があったものとみなし，個別に相手方と合意をすることなく契約の内容を変更することができる。

⑴　定型約款の変更が，相手方の一般の利益に適合するとき。

⑵　定型約款の変更が，契約をした目的に反せず，かつ，変更の必要性，変更後の内容の相当性，この条の規定により定型約款の変更をすることがある旨の定めの有無及びその内容その他の変更に係る事情に照らして合理的なものであるとき。

2　定型約款準備者は，前項の規定による定型約款の変更をするときは，その効力発生時期を定め，かつ，定型約款を変更する旨及び変更後の定型約款の内容並びにその効力発生時期をインターネットの利用その他の適切な方法により周知しなければならない。

3　第1項第2号の規定による定型約款の変更は，前項の効力発生時期が到来するまでに同項の規定による周知をしなければ，その効力を生じない。

4　第548条の2（定型約款の合意）第2項の規定は，第1項の規定による定型約款の変更については，適用しない。

1　改正の方向性

合意原則から言えば，約款を含めて契約の内容を変更するには相手方の個別の同意が必要である。

しかし，定型約款においては相手方が多数であるため，個別の同意を得ることが著しく困難である。そこで，定型約款準備者による一方的な約款条項の変更であっても，その変更が必要・相当であるなど諸般の事情に照らして合理的なものであれば，基本的に許容することとなった。ただし，このような一方的変更は合意原則の重大な例外であるので，定型約款以外の約款には適用ないし類推適用されないと解される。

2　改正の要点

　このような定型約款の変更の実体要件として，第1項は，①定型約款の変更が相手方の一般の利益に適合する（利益変更）とき，又は②それが不利益変更の場合には，それが(ア)契約をした目的に反せず，かつ，(イ)変更の必要性，変更後の内容の相当性，定型約款に変更に関する定めの有無及び内容その他の変更に係る事情に照らして合理的なものであることを要求した。

　この点，まず②の不利益変更の(イ)については，定型約款変更を許容する定めの有無及びその内容を考慮する旨が規定されているが，「定型約款準備者の都合により，全ての定型約款条項を自由に変更できる」旨の変更条項があっても，それによって変更が容易になることはないと解される。このような一方的な変更条項は，そもそも不当条項に当たる可能性があるばかりか，変更の必要性や相当性などの合理性を基礎づけるものとは言えないからである。

　また，「不利益変更も，単に合理性があれば許容される」との考え方（たとえば，変更の必要性が高ければ，変更内容の相当性が乏しくても変更が可能であるなどの意見）があるかもしれないが，妥当とは言えない。なぜなら，定型約款の一方的変更は合意原則の重大な例外であって，不利益変更の場合の同条の「合理性」の要件は限定的に解釈されるべきであり，相当性の要件もそれ自体として充足する必要があると解されるからである。

　次に，手続要件として，第2項は，定型約款準備者が，定型約款の変更の効力の発生時期を定め，かつ，定型約款を変更する旨及び変更後の定型約款の内容並びに当該発生時期を，インターネットの利用その他の適切な方法により周知しなければならないとしている。

　また，第3項は，前項の周知に関して，適切な周知に求めるとともに，不利益変更の場合には変更の効力発生時期までにかかる周知をしなければ，その変更の効力が生じないとしている。

　なお，定型約款の変更のうち，不利益変更については変更の必要性，変更内容の相当性などの合理性の要件が充たされなければならないので，あえて不当条項規制（新民法548条の2第2項）を適用する必要がないこととなる（同条4

項）。

　また，利益変更については，変更前の条項がすでに不当条項であってこの不利益を緩和するにすぎない内容の変更が行われた場合が問題となるところ，このような場合も，変更自体は本条１項１号には反しないが，そもそも変更前の条項が不当条項である以上は変更の対象がないことになり，その意味で変更は認められない。

　それ故，本条４項では，不利益変更か否かを問わず定型約款の変更それ自体については，不当条項規制の規定が適用されない旨が定められた。

第17 売 買

新民法条文	旧法条文
（買主の追完請求権） 第562条 ＜新設＞ 　1　引き渡された目的物が種類，品質又は数量に関して契約の内容に適合しないものであるときは，買主は，売主に対し，目的物の修補，代替物の引渡し又は不足分の引渡しによる履行の追完を請求することができる。ただし，売主は，買主に不相当な負担を課するものでないときは，買主が請求した方法と異なる方法による履行の追完をすることができる。 　2　前項の不適合が買主の責めに帰すべき事由によるものであるときは，買主は，同項の規定による履行の追完の請求をすることができない。	なし
（買主の代金減額請求権） 第563条 ＜全面改正＞ 　1　前条第1項本文に規定する場合において，買主が相当の期間を定めて履行の追完の催告をし，その期間内に履行の追完がないときは，買主は，その不適合の程度に応じて代金の減額を請求することができる。 　2　前項の規定にかかわらず，次に掲げる場合には，買主は，同項の催告をすることなく，直ちに代金の減額を請求することができる。 ⑴　履行の追完が不能であるとき。	（数量の不足又は物の一部滅失の場合における売主の担保責任） 第565条 　前2条の規定は，数量を指示して売買をした物に不足がある場合又は物の一部が契約の時に既に滅失していた場合において，買主がその不足又は滅失を知らなかったときについて準用する。

(2) 売主が履行の追完を拒絶する意思を明確に表示したとき。
(3) 契約の性質又は当事者の意思表示により，特定の日時又は一定の期間内に履行をしなければ契約をした目的を達することができない場合において，売主が履行の追完をしないでその時期を経過したとき。
(4) 前3号に掲げる場合のほか，買主が前項の催告をしても履行の追完を受ける見込みがないことが明らかであるとき。
3 第1項の不適合が買主の責めに帰すべき事由によるものであるときは，買主は，前2項の規定による代金の減額の請求をすることができない。

（買主の損害賠償請求及び解除権の行使）
第564条 ＜全面改正＞
前2条の規定は，第415条（債務不履行による損害賠償）の規定による損害賠償の請求並びに第541条（催告による解除）及び第542条（催告によらない解除）の規定による解除権の行使を妨げない。

（権利の一部が他人に属する場合における売主の担保責任）
第563条
1 売買の目的である権利の一部が他人に属することにより，売主がこれを買主に移転することができないときは，買主は，その不足する部分の割合に応じて代金の減額を請求することができる。
2 ［次頁のとおり］
3 ［次頁のとおり］

（売主の瑕疵担保責任）
第570条
売買の目的物に隠れた瑕疵があったときは，第566条の規定を準用する。ただし，強制競売の場合は，この限りでない。

（地上権等がある場合等における売主の担保責任）
第566条
1 売買の目的物が地上権，永小作権，地役権，留置権又は質権の目的である場合において，買主がこれを知らず，かつ，そのために契約をした目的を達することができないと

きは，買主は，契約の解
除をすることができる。
この場合において，契約
の解除をすることができ
ないときは，損害賠償の
請求のみをすることがで
きる。
2　前項の規定は，売買の
目的である不動産のため
に存すると称した地役権
が存しなかった場合及び
その不動産について登記
をした賃貸借があった場
合について準用する。

（移転した権利が契約の内容に適合しない場合における売主の担保責任）
第565条　＜全面改正＞
　前3条の規定は，売主が買主に移転した権利が契約の内容に適合しないものである場合（権利の一部が他人に属する場合においてその権利の一部を移転しないときを含む。）について準用する。

（他人の権利の売買における売主の担保責任）
第561条
　前条の場合において，売主がその売却した権利を取得して買主に移転することができないときは，買主は，契約の解除をすることができる。この場合において，契約の時においてその権利が売主に属しないことを知っていたときは，損害賠償の請求をすることができない。

第563条
1　［前頁のとおり］
2　前項の場合において，残存する部分のみであれば買主がこれを買い受け

なかったときは，善意の
買主は，契約の解除をす
ることができる。
3　代金減額の請求又は契
約の解除は，善意の買主
が損害賠償の請求をする
ことを妨げない。

第566条
［123頁のとおり］

1　改正の方向性

　売買の目的物が契約の内容に適合しない場合において，旧法においては，瑕
疵概念が用いられ，売主に瑕疵担保責任が課されていた。

　すなわち，旧法下の伝統的見解は，特定物売買においては目的物である「こ
の物」を引き渡せば債務としては履行されたこととなり，これに瑕疵がある場
合は法律が定めた責任を売主に課すこととしていた（法定責任説）。

　しかし，新民法においては，特定物か不特定物かを問わず売主は売買契約の
内容に適合した物を引き渡す義務があるとされ（契約責任説），「瑕疵」の代わ
りに「契約の内容に適合しないもの」（以下「契約内容不適合」という。）という
概念が用いられることとなった。

　こうして，改正法においては，契約内容不適合という概念をどのように解釈
していくかが重要な問題となってくるが，契約の文言のみならず契約の諸事情
に照らし，不適合があるか否かを確定することができない場合は，取引通念を
も考慮して不適合か否かを判断すべきであり，従前の瑕疵概念についての判例
の考え方である「通常有すべき品質」を基準とすることが考えられる。

2　改正の要点

1）　第 562 条について

（1）　第 1 項について

　　目的物が種類，品質又は数量に関して契約の内容に適合しないときは，買主の選択により売主に対し，目的物の修補，代替物の引渡し又は不足分の引渡しを求めることができることとした。これは，上記 1 の趣旨を受けて，目的物が契約内容不適合の場合には売主は不履行責任を負うこととし，買主に履行請求権の一環として修補請求権などの追完の請求権を認めたものである。したがって，この追完請求権については売主の帰責事由の有無は問わない。

　　ただし，常に買主の選択する方法による追完を認めるとすると，修補が可能でかつ相当な場合にも代替物引渡請求などの買主の請求が認められることになりかねないので，買主に不相当な負担を課さないことを条件に，売主は買主の選択した方法とは異なる方法により履行を追完できることとした（一問一答 277 頁注 2 では「例えば買主から履行の追完請求権の行使として代替物の引渡しを求める訴訟を提起された事案においては，売主は適法に修補による履行の追完を選択したことを請求原因に対する権利消滅の抗弁として主張することができるものと解される。」としている。）。もっとも，ここで言う「不相当な負担」とは何かが明らかではない（むしろ明らかにすることが困難であったが，それでも追完請求権の制限を示す必要があった）ので，今後この意味を明らかにするための実務の積み重ねが必要となる。

（2）　第 2 項について

　　契約内容不適合が買主の責めに帰すべき事由により生じた場合に，追完請求権を否定したものである。このような場合にまで，買主の追完請求権を認めるのは妥当でなく，かつ，他の関連する規定（新民法 543 条及び 563 条 3 項など）と平仄が合わないからである。

2) 第 563 条について
(1) 第 1 項について

引き渡された目的物に契約内容不適合がある場合，代金と目的物の等価交換の関係を維持するという観点から，不適合の割合に応じて売買代金の減額請求ができることを明文化した。

この点，旧法では，数量指示売買における数量不足の場合（及び権利の一部が他人に帰属する場合）に限り代金減額請求ができる旨が規定されていた（同法 565 条及び 563 条）が，数量だけではなく種類や品質の契約内容不適合の場合にも代金減額請求ができるものとした。ただし，代金減額請求は一部解除としての実質を有することから，原則として催告解除の規定（新民法 541 条）に従い手続要件として，相当期間を定めて追完の催告をするべきこととした。

なお，買主が単に交渉として代金減額を主張したにすぎない場合は，一部解除（形成権）としての代金減額請求権を行使したとは言えない場合があり，その認定には慎重な吟味が必要である。

(2) 第 2 項について

上記のとおり代金減額請求は一部解除の実質を有することから，無催告解除（新民法 542 条）の場合と同様の要件のもとに，例外的に催告なしでも代金減額請求ができる場合を示した。

(3) 第 3 項について

買主の追完請求権と同様に，不適合が買主の責めに帰すべき事由による場合には，例外として代金減額請求権を認めないこととした。

3) 第 564 条について

契約責任説に立つ新法のもとでは，売主が契約内容不適合の目的物を引き渡した場合は債務不履行とされ，その効果として，買主は損害賠償請求権（新民法 415 条）及び解除権（新民法 541 条，542 条）を有することになる。そこで，本条は，買主の権利としてそのことを確認的に規定したものである。ただし，次の 2 点に注意する必要がある。

① 旧法では，解除については，契約の目的不達成の場合に限りできること

となっていたが，本条では，一般原則に従い，催告をして解除することも認められることとなった。ただし，些細な契約内容不適合の場合は，「軽微」な不履行として解除が否定されることとなる（新民法 541 条ただし書参照。なお，その判断に際しては，一問一答 281 頁注 3 において「契約目的の達成・不達成は最も重要な考慮要素になるものと解される。」とされているので，この考え方によれば旧法下の実務が維持されることとなろう。）。

② 　旧法では瑕疵担保に基づく損害賠償責任は無過失責任とされ，かつ，伝統的な見解によれば損害賠償の範囲は信頼利益に限るとされていたが，本条はこれらを改めた。すなわち，損害賠償責任については売主の帰責性を要求し（新民法 415 条 1 項ただし書），かつ，履行利益についても新民法 416 条（損害賠償の範囲）の要件を充たす限りにおいて賠償する義務を売主に負わせた。もっとも，売買の目的物について契約内容不適合がありながら売主の帰責性が否定されることは，実際上はほとんどないと思われるので，従前の実務が大きく変わるとは言えない。

　　また，上記①のとおり軽微な不履行の場合には解除ができないので，その場合には，修補に代わる損害賠償請求も「履行に代わる損害賠償請求」（新民法 415 条 2 項）の一種として認められないことになるのではないかとの疑問がある（特に同項 3 号後段参照）。しかし，解除が認められないときこそ損害賠償によって債権者を保護すべきであるので，この結論は妥当とは言えない。そこで，同項を限定解釈し，修補に代わる損害賠償請求など「不完全な履行がされたにとどまる場合の損害賠償請求権は射程に含んでいない」とする見解が提示されている（一問一答 76 頁注 2）。結論は妥当であるが，そもそも同項は填補賠償請求について理論的な整理をした趣旨に過ぎないので，同項各号は例示列挙に過ぎず，解除権が発生しない場合も填補賠償は認められると解するのが妥当であろう。

4）第 565 条について

　売主は，契約内容に適合した権利を移転する義務を負い，それができない場合には債務不履行として評価されることになる。それ故，本条は，権利についての契約内容不適合（以下「権利の不適合」という。）の場合も，売主が

契約内容不適合の目的物を引き渡した場合と同様の救済方法を買主に認めることとした。

5)　経過措置について

　　施行日前に締結された売買契約については，なお従前の例による（附則34条1項）。この経過措置は，以下に記載する売買に関する規定についても同様である。

新民法条文	旧法条文
（目的物の種類又は品質に関する担保責任の期間の制限） 第 566 条　＜全面改正＞ 　売主が種類又は品質に関して契約の内容に適合しない目的物を買主に引き渡した場合において，買主がその不適合を知った時から1年以内にその旨を売主に通知しないときは，買主は，その不適合を理由として，履行の追完の請求，代金の減額の請求，損害賠償の請求及び契約の解除をすることができない。ただし，売主が引渡しの時にその不適合を知り，又は重大な過失によって知らなかったときは，この限りでない。 ＊旧法第 564 条（旧法第 565 条において準用する場合を含む。）及び第 566 条第 3 項を削除するものとする。	第 564 条 　前条の規定による権利は，買主が善意であったときは事実を知った時から，悪意であったときは契約の時から，それぞれ1年以内に行使しなければならない。 第 566 条 3 項 　前2項の場合において，契約の解除又は損害賠償の請求は，買主が事実を知った時から1年以内にしなければならない。

改正の要点

　消滅時効の一般原則（新民法 166 条）によれば，①債権者が権利を行使することができることを知った時から5年間行使しないとき，又は②権利を行使することができる時から10年間行使しないときに債権が消滅するが，売買においては特別な期間制限の制度を設けた。

　すなわち，本条は，買主が目的「物」の「種類又は品質」に関して，契約内容不適合の事実を知った時から 1 年以内にその不適合を売主に「通知」する義務を課し，それを怠った場合には，買主は追完請求権その他の権利を失うこととした。これは，売買における契約内容不適合を巡る紛争を早期に解決する趣旨であり，その点では旧法 564 条と同じである。

　ただし，不適合を「通知」すれば足りるので，旧法下の判例の言う「売主に対し具体的に瑕疵の内容とそれに基づく損害賠償を請求する旨を表明し，請求する損害額の根拠を示す」（最判平成 4.10.20 民集 46 巻 7 号 1129 頁）ことまでは必要はない。とはいえ，不適合を知った買主から早期にその事実を知らせて，売主にその存在を認識し把握する機会を与えることが「通知」の趣旨であるから，細目にわたるまでの必要はないものの不適合の内容を把握することが可能な程度に，不適合の種類・範囲を伝えることが想定されている（一問一答 285 頁参照）。なお，一旦，不適合を通知すれば，それに基づく追完請求権その他の買主の権利は，一般の消滅時効の規定に従うこととなる。

　これに対し，数量不足又は権利の不適合の場合は，「種類又は品質」あるいは目的「物」に関する不適合とは言えないので，消滅時効の一般原則が適用される。これらの不適合は明確であることから短期の期間制限をする必要がないからである。

第18　消費貸借

新民法条文	旧法条文
（書面でする消費貸借等） 第587条の2　＜新設＞ 　1　前条の規定にかかわらず，書面でする消費貸借は，当事者の一方が金銭その他の物を引き渡すことを約し，相手方がその受け取った物と種類，品質及び数量の同じ物をもって返還をすることを約することによって，その効力を生ずる。 　2　書面でする消費貸借の借主は，貸主から金銭その他の物を受け取るまで，契約の解除をすることができる。この場合において，貸主は，その契約の解除によって損害を受けたときは，借主に対し，その賠償を請求することができる。 　3　書面でする消費貸借は，借主が貸主から金銭その他の物を受け取る前に当事者の一方が破産手続開始の決定を受けたときは，その効力を失う。 　4　消費貸借がその内容を記録した電磁的記録によってされたときは，その消費貸借は，書面によってされたものとみなして，前3項の規定を適用する。	なし
（利息） 第589条　＜新設＞ 　1　貸主は，特約がなければ，借主に対して利息を請求することができない。 　2　前項の特約があるときは，貸主は，借主が金銭その他の物を受け取った日以後	なし

の利息を請求することができる。	
（返還の時期） 第591条 ＜一部改正＞ 1 ［改正なし］ 2 借主は，返還の時期の定めの有無にかかわらず，いつでも返還をすることができる。 3 当事者が返還の時期を定めた場合において，貸主は，借主がその時期の前に返還をしたことによって損害を受けたときは，借主に対し，その賠償を請求することができる。	（返還の時期） 第591条 1 当事者が返還の時期を定めなかったときは，貸主は，相当の期間を定めて返還の催告をすることができる。 2 借主は，いつでも返還をすることができる。

1 改正の方向性

　旧法においては，消費貸借は，金銭その他の目的物の引渡しがあって初めて成立する要物契約とされていた。この点，要物契約しか認められないこととなると，企業が金融機関から融資を受けようとしたときや，消費者が住宅ローンを組むときに確実に融資を受けられることには必ずしもならない。そのため，旧法においても諾成的消費貸借が解釈で認められていたところ，これを要物契約と併存する形で明文化し，金銭の授受の前に消費貸借を成立させたいとするニーズに応えることとなった。

　ただし，当事者の合意のみによって契約上の貸借の義務が生ずるとすると，安易に金銭を借りる約束をしてしまった者や，逆に安易に金銭を貸す約束をしてしまった者に，酷な結果となる場合が生じかねない。そこで，①諾成的な消費貸借は書面でしなければならないとして契約成立について慎重を期し，②書面による合意後であっても，目的物引渡前であれば借主はいつでも解除できるとすることとした。

2 改正の要点

1) 第587条の2について

(1) 第1項について

諾成的消費貸借は，書面で，「貸主が目的物を引き渡すこと，及び借主が種類，品質及び数量の同じものをもって返還すること」を約することによって成立するとした。

(2) 第2項について

本項前段は，借主による目的物引渡前の解除権を認めた。これは，目的物とりわけ金銭の引渡前に資金需要がなくなった借主に，契約の拘束力から解放される手段を与えるものである。この解除権により借主は貸付金の受領それ自体については強制されない（強行規定であると解される（一問一答294頁注4参照）。のみならず，目的物引渡前は利息が発生しないとの規定（新民法589条2項）により，借主は，利息付きの諾成的消費貸借を締結した場合であっても，解除権を行使して受領を拒むことにより利息の支払いを強制されることはないことになると解すべきである。

ただし，本項後段は，借主の目的物引渡前の解除によって貸主が損害を受けた場合には，借主に対し損害賠償請求ができる旨を定めた。もっとも，これはあくまで貸主が借主の解除によって損害が生じたことを主張立証した場合に限り認められるに過ぎず，例えばいわゆる消費者金融を行う貸金業者などが約定期間の利息相当額を損害として主張しても，当該業者などは，解除された貸金を他の者に貸すことができたと考えられるので，損害発生の立証はほとんど認められないと解される（巻末の参議院附帯決議八及び九参照，一問一答294頁注5参照）。

(3) 第3項について

消費貸借の当事者の一方が，目的物引渡前に破産手続開始の決定を受けた場合には，当事者間における信用供与の前提が崩れることを根拠として，消費貸借は効力を失うものとした。

(4)　第 4 項について

　　　メールなど電磁的記録によってされた消費貸借を書面によってされた消費貸借とみなした。保証契約に関する民法 446 条 3 項と同様の趣旨である。

2)　第 589 条について

　　本条 1 項は，利息の支払義務については特約がなければ認められないこととし，本条 2 項はその利息が発生するのは借主が金銭その他の目的物を受け取った日以後であるとした。

3)　第 591 条について

(1)　第 2 項について

　　　金銭その他の目的物の「返還の時期の定め」にかかわらず，借主がいつでも返還できるとする規律を明確にした。

(2)　第 3 項について

　　　消費貸借における期限前返済について，民法 136 条 2 項（新法で維持されている）の期限の利益の放棄に関する規律を明確化した趣旨とされている。ただし，新民法 587 条の 2 第 2 項後段と同様に，貸主が損害を立証する必要があり，いわゆる消費者金融を行う貸金業者などの場合は，その損害の立証はほとんど認められないと解される。ただし，事業者間の取引における高額の貸付けのように，期限前に返済を受けたとしても金銭を再運用することが実際上困難であり，他方で返済期限までの利息相当額を支払ってもらうことの代わりとして利率が低く抑えられていたようなケースでは，例外的に損害賠償が認められる余地があるとの指摘がある（一問一答 299 頁注参照）。

4)　経過措置について

　　　施行日前に締結された消費貸借契約については，なお従前の例による（附則 34 条 1 項）。

第19　賃 貸 借

新民法条文	旧法条文
（賃貸借の存続期間） 第604条　＜一部改正＞ 　1　賃貸借の存続期間は，<u>50年を超える</u>ことができない。契約でこれより長い期間を定めたときであっても，その期間は，<u>50年</u>とする。 　2　賃貸借の存続期間は，更新することができる。ただし，その期間は，更新の時から<u>50年</u>を超えることができない。	（賃貸借の存続期間） 第604条 　1　賃貸借の存続期間は，<u>20年</u>を超えることができない。契約でこれより長い期間を定めたときであっても，その期間は，<u>20年</u>とする。 　2　賃貸借の存続期間は，更新することができる。ただし，その期間は，更新の時から<u>20年</u>を超えることができない。

改正の要点

1）　第1項について

　従来の存続期間の上限（20年）では，ゴルフ場や太陽光発電パネル設置のための敷地の賃貸借，重機やプラントのリース契約等の長期間の賃貸借のニーズに対応できないとして，上限を50年とした。

2）　第2項について

　賃貸借契約の存続期間の上限は，更新後も50年を超えることができないものとした。

3）　経過措置について

　施行日前に締結された賃貸借契約については，なお従前の例による（附則34条1項）。この経過措置は，以下に記載する賃貸借に関する規定について

も同様である。

　ただし，施行日前に賃貸借契約が締結された場合において，施行日以後に
その契約の更新にかかる合意がされたときは，新民法604条2項を適用する
（附則34条2項）。

4）施行日前に締結された賃貸借契約が，施行日以降に契約更新された場合について

　当事者の合意によって更新されると評価できる場合は，当事者間では更新
後の契約については新民法が適用されることへの期待があると言え，旧法適
用の期待を保護する必要は失われているから，更新後の契約には新民法が適
用されると考えられる。契約期間満了前に両当事者のいずれかが異議を述べ
ない限り，自動的に契約が更新される場合でも，契約期間満了までに契約を
終了させずに契約を更新させるという更新の合意があったと評価できるから，
同様に解される。他方で，借地借家法26条のような法定更新の場合は，当
事者の意思に基づくものとはいえないし，当事者に新民法適用の期待がある
ともいいがたいので更新後も旧法の条文が適用されると解される（一問一答
383頁本文及び注1参照）。なお，更新に伴う個人保証契約の更新に関しては
「保証」の項（第12）を参照されたい。

新民法条文	旧法条文
（不動産の賃貸人たる地位の移転） 第605条の2　＜新設＞ 　1　前条（不動産賃貸借の対抗力），借地借家法（平成3年法律第90号）第10条（借地権の対抗力）又は第31条（建物賃貸借の対抗力）その他の法令の規定による賃貸借の対抗要件を備えた場合において，その不動産が譲渡されたときは，その不動産の賃貸人たる地位は，その譲受人に移転する。 　2　前項の規定にかかわらず，不動産の譲渡人及び譲受人が，賃貸人たる地位を譲	なし

渡人に留保する旨及びその不動産を譲受
人が譲渡人に賃貸する旨の合意をしたと
きは，賃貸人たる地位は，譲受人に移転
しない。この場合において，譲渡人と譲
受人又はその承継人との間の賃貸借が終
了したときは，譲渡人に留保されていた
賃貸人たる地位は，譲受人又はその承継
人に移転する。
3　第1項又は前項後段の規定による賃貸
人たる地位の移転は，賃貸物である不動
産について所有権の移転の登記をしなけ
れば，賃借人に対抗することができない。
4　第1項又は第2項後段の規定により賃
貸人たる地位が譲受人又はその承継人に
移転したときは，第608条の規定による
費用の償還に係る債務及び第622条の2
第1項の規定による同項に規定する敷金
の返還に係る債務は，譲受人又はその承
継人が承継する。

参考（転貸の効果）　＜一部改正＞ 第613条	（転貸の効果） 第613条
1　賃借人が適法に賃借物を転貸したとき は，転借人は，賃貸人と賃借人との間の 賃貸借に基づく賃借人の債務の範囲を限 度として，賃貸人に対して転貸借に基づ く債務を直接履行する義務を負う。この 場合においては，賃料の前払をもって賃 貸人に対抗することができない。 2　［改正なし］ 3　賃借人が適法に賃借物を転貸した場合 には，賃貸人は，賃借人との間の賃貸借 を合意により解除したことをもって転借 人に対抗することができない。ただし，	1　賃借人が適法に賃借物 を転貸したときは，転借 人は，賃貸人に対して直 接に義務を負う。この場 合においては，賃料の前 払をもって賃貸人に対抗 することができない。 2　前項の規定は，賃貸人 が賃借人に対してその権 利を行使することを妨げ ない。

その解除の当時，賃貸人が賃借人の債務
不履行による解除権を有していたときは，
この限りでない。

改正の要点

1)　**第1項について**

　本項は，不動産の賃貸人たる地位の当然承継に関する判例法理（最判昭和
39.8.28民集18巻7号1354頁）を明文化した。

2)　**第2項について**

　本項前段は，前項の判例が「特段の事情」による例外を認めている点を踏
まえて，旧所有者と新所有者との間の合意によって賃貸人たる地位を旧所有
者に留保するための要件を明確化した。すなわち，この場合には，地位の譲
渡を留保する合意に加えて，新所有者を賃貸人，旧所有者を賃借人とする賃
貸借契約の締結を必須とした。これにより，この不動産の居住者その他の
ユーザーたる賃借人（以下「ユーザー賃借人」という。）は，転借人と同様の
立場に置かれることとなる。

　本項後段は，この新所有者と旧所有者との間の賃貸借契約が終了したとき
に，賃貸人たる地位が，当然に旧所有者から新所有者に移転するとした。こ
れは，上記の地位の留保に何ら関与していないユーザー賃借人を保護するた
め，賃貸人たる地位が当然に新所有者に移転してユーザー賃借人との賃貸借
関係が継続される旨を定めたものである。

　このユーザー賃借人保護の趣旨からすると，本項前段によって新・旧所有
者間の賃貸借がなされている間に，新・旧所有者が賃貸借契約を合意解除し
た場合はもとより，旧所有者が賃料の支払を怠るなどして債務不履行となり，
新所有者がこの賃貸借を解除した場合においても，新所有者はユーザー賃借
人に対して解除権を対抗できないと解するべきであろう。その意味で，転貸
借に関する新民法613条3項は，そのただし書きも含め，この場合には適用
ないし類推適用されないと解される（一問一答318頁注1参照）。

3）　第 3 項について

　　本項は，賃貸人たる地位の移転をユーザー賃借人に対抗するための要件として，所有権移転登記を必要とする旨の判例法理（最判昭和 49.3.19 民集 28 巻 2 号 325 頁）を明文化した。

4）　第 4 項について

　　本項は，賃貸人たる地位の移転により敷金返還債務及び費用償還債務も当然に移転する旨を規定した。ただし，判例（最判昭和 44.7.17 民集 23 巻 8 号 1610 頁）は，敷金返還債務について，旧所有者の元で生じた延滞賃料等の弁済金に敷金が充当された後の残額についてのみ敷金返還債務が新所有者に移転するとしているが，この点は明文化されておらず，その帰すうは今後とも契約書の規定あるいは解釈に委ねられる。

新民法条文	旧法条文
（賃借物の一部滅失等による賃料の減額等） 第 611 条　＜一部改正＞ 　1　賃借物の一部が滅失その他の事由により使用及び収益をすることができなくなった場合において，それが賃借人の責めに帰することができない事由によるものであるときは，賃料は，その使用及び収益をすることができなくなった部分の割合に応じて，減額される。 　2　賃借物の一部が滅失その他の事由により使用及び収益をすることができなくなった場合において，残存する部分のみでは賃借人が賃借をした目的を達することができないときは，賃借人は，契約の解除をすることができる。	（賃借物の一部滅失による賃料の減額請求等） 第 611 条 　1　賃借物の一部が賃借人の過失によらないで滅失したときは，賃借人は，その滅失した部分の割合に応じて，賃料の減額を請求することができる。 　2　前項の場合において，残存する部分のみでは賃借人が賃借をした目的を達することができないときは，賃借人は，契約の解除をすることができる。

参考（賃借物の全部滅失等による賃貸借の終了） 第 616 条の 2　＜新設＞ 　賃借物の全部が滅失その他の事由により使用及び収益をすることができなくなった場合には，賃貸借は，これによって終了する。	なし

改正の要点

1）　第 1 項について

　　本項は，賃借人の帰責事由なくして賃借物の一部が滅失その他の事由により使用及び収益をすることができなくなった場合に，賃料が当然に減額される旨を定めた。

　　これは，まず旧法において「滅失」の場合のみの規定とされていた点を，一般的に「使用収益をすることができなくなった場合」にも認める旨を明らかにしたものである。

　　そして，旧法においては請求により減額すると規定されていた（ただし，請求により「一部滅失の当時に遡って」減額されると解されている）点を改め，使用収益ができなくなった時点から「当然に減額される」ものとした。これは，使用収益可能な状態に置かれたことの対価として賃料が日々発生するのであるから，そうでない場合には，当然に賃料が使用収益できない部分について発生しないと解すべきことからである。

　　ただし，賃借人の責めに帰すべき事由により使用収益ができなくなった場合は，当然減額を認めていない。このような場合にまで当然減額を認めると，賃貸人は，「一部滅失等につき賃借人に帰責事由があり，これによって損害が生じたこと」を主張立証して損害賠償請求により損害を補填するほかなく，賃貸人に不利益である点を考慮したものである。

2）　第 2 項について

　　本項は，一部滅失等によって賃貸借の目的を達成できない場合には，賃借

人の責めに帰すべき事由によるものかどうかを問わず，解除を認めることとした。これは，賃貸借の目的を達成できない以上は，賃借物の全部が滅失した場合など使用収益が全くできない状態と同じと考えられるからである（新民法616条の2参照）。

新民法条文	旧法条文
（賃借人の原状回復義務） 第621条　＜新設＞ 　賃借人は，賃借物を受け取った後にこれに生じた損傷（通常の使用及び収益によって生じた賃借物の損耗並びに賃借物の経年変化を除く。以下この条において同じ。）がある場合において，賃貸借が終了したときは，その損傷を原状に復する義務を負う。ただし，その損傷が賃借人の責めに帰することができない事由によるものであるときは，この限りでない。	なし

改正の要点

　賃貸借が終了したときには，賃借人が原状回復義務を負うことを明文化した。そして，通常損耗又は経年変化による損傷は，原状回復の内容に含まれないとする旨の判例法理（最判平成17.12.16集民218号1239号）を括弧書で明記した。

　この規定は任意規定とされているので，当事者間では，別途の合意をすることも可能である。ただし，事業者と消費者との間の賃貸借契約の場合は，この任意規定と異なる契約（通常損耗等による損傷の原状回復義務を賃借人に課す）を結んでも，それが信義則に反して消費者の利益を一方的に害するときは消費者契約法10条により無効になると解される。

新民法条文	旧法条文
（敷金） 第 622 条の 2 ＜新設＞ 　1　賃貸人は，敷金（いかなる名目によるかを問わず，賃料債務その他の賃貸借に基づいて生ずる賃借人の賃貸人に対する金銭の給付を目的とする債務を担保する目的で，賃借人が賃貸人に交付する金銭をいう。以下この条において同じ。）を受け取っている場合において，次に掲げるときは，賃借人に対し，その受け取った敷金の額から賃貸借に基づいて生じた賃借人の賃貸人に対する金銭の給付を目的とする債務の額を控除した残額を返還しなければならない。 　(1)　賃貸借が終了し，かつ，賃貸物の返還を受けたとき。 　(2)　賃借人が適法に賃借権を譲り渡したとき。 　2　賃貸人は，賃借人が賃貸借に基づいて生じた金銭の給付を目的とする債務を履行しないときは，敷金をその債務の弁済に充てることができる。この場合において，賃借人は，賃貸人に対し，敷金をその債務の弁済に充てることを請求することができない。	なし

改正の要点

1）　第 1 項について

　　敷金の意義について，判例法理（大判大正 15. 7. 12 民集 5 巻 616 頁）をもとに括弧書で明確化した。

　　また，敷金返還債務は，賃貸借が終了し，かつ，目的物が返還されたとき

に発生するとする判例（最判昭和 48.2.2 民集 27 巻 1 号 80 頁），及び賃借人が適法に賃借権を譲渡したときも賃貸人と旧賃借人との間に別段の合意がない限り，その時点で敷金返還債務が生ずるとする判例（最判昭和 53.12.22 民集 32 巻 9 号 1768 頁）も明文化した（本項 1 号，2 号）。

　そして，敷金の充当について，敷金返還債務は，賃貸物の返還完了のときに，それまでに生じた被担保債権を敷金額から控除し，なお，残額がある場合に，その残額について具体的に発生するとする判例（最判昭和 48.2.2 民集 27 巻 1 号 80 頁）をも明文化した。なお，不動産の賃貸人たる地位の移転に伴う敷金返還債務の承継については 605 条の 2 第 4 項の解説を参照されたい。

2）第 2 項について

　敷金返還債務が生ずる前に，賃借人の賃貸人に対する債務の不履行が生じた場合において，賃貸人の意思表示によって敷金をその債務に弁済充当することができるという判例（大判昭和 5.3.10 民集 9 巻 253 頁）を明文化した。

第20 請 負

新民法条文	旧法条文
（注文者が受ける利益の割合に応じた報酬） 第 634 条 ＜新設＞ 　次に掲げる場合において，請負人が既にした仕事の結果のうち可分な部分の給付によって注文者が利益を受けるときは，その部分を仕事の完成とみなす。この場合において，請負人は，注文者が受ける利益の割合に応じて報酬を請求することができる。 　(1)　注文者の責めに帰することができない事由によって仕事を完成することができなくなったとき。 　(2)　請負が仕事の完成前に解除されたとき。	なし

改正の要点

1）　第 634 条について

　請負においては，仕事が完成しない限り報酬請求権は生じないのが原則である。しかし，未完成のまま請負契約が解除された場合でも，既履行部分と未履行部分が可分であり，注文者が既履行部分の給付を受けることにつき利益を有するときは，既履行部分については契約を解除することはできず（未履行部分のみ一部解除を認め），既履行部分に係る一部報酬請求を認めるのが判例法理である（最判昭和 56.2.17 判時 996 号 61 頁）。

　本規定は，この判例法理の趣旨を明文化したものである。なお，ここでいう「可分」は物理的な可分を意味するものではなく，出来高を特定することができれば可分とされる（上記判例は，建物建築請負工事が進捗率 49 ％余りの段階で放棄された事例であるところ，可分であるとした）。

具体的には,「注文者の責めに帰することができない事由によって仕事を完成することができなくなったとき」又は「請負が仕事の完成前に解除されたとき」のいずれかの場合に,①既履行部分と未履行部分が可分であること,及び②既履行部分の給付によって注文者が利益を受けることを要件として,「注文者が受ける利益の割合に応じ」た一部報酬請求を認めている。

なお,目的物に軽微でない契約不適合があるような場合については,「注文者が利益を受け(た)」と認めることは困難であると考えられる(一問一答339頁注4)。

また,注文者の責めに帰すべき事由による不能の場合は,危険負担に関する新民法536条2項が適用され,報酬全額を請求することができるが,自己の残債務を免れたことによる利益の償還は必要となる(最判昭和52. 2. 22)。請負人が上記報酬全額を請求する場合には,請負人は注文者に帰責事由があることを主張立証する必要があるが,請負人が一部報酬を請求する場合には,請負人は注文者に帰責事由がないことまで主張立証する必要はないと解される(一問一答339頁注2)。

この改正により,実務の取扱が大きく変わることはないと思われる。

2) 経過措置について

施行日前に締結された請負契約については,なお従前の例による(附則34条1項)。この経過措置は,以下に記載する請負に関する規定についても同様である。

新民法条文	旧法条文
[削除]	(請負人の担保責任) 第634条 　1　仕事の目的物に瑕疵があるときは,注文者は,請負人に対し,相当の期間を定めて,その瑕疵の修補を請求することができる。ただし,瑕疵が重

<table>
<tr><td></td><td>要でない場合において，その修補に過分の費用を要するときは，この限りでない。
2 注文者は，瑕疵の修補に代えて，又はその修補とともに，損害賠償の請求をすることができる。この場合においては，第533条の規定を準用する。</td></tr>
<tr><td>［削除］</td><td>第635条
　仕事の目的物に瑕疵があり，そのために契約をした目的を達することができないときは，注文者は，契約の解除をすることができる。ただし，建物その他の土地の工作物については，この限りでない。</td></tr>
<tr><td>（請負人の担保責任の制限）
第636条　＜全面改正＞
　請負人が種類又は品質に関して契約の内容に適合しない仕事の目的物を注文者に引き渡したとき（その引渡しを要しない場合にあっては，仕事が終了した時に仕事の目的物が種類又は品質に関して契約の内容に適合しないとき）は，注文者は，注文者の供した材料の性質又は注文者の与えた指図によって生じた不適合を理由として，履行の追完の請求，報酬の減額の請求，損害賠償の請求及び契約の解除をすることができない。ただし，請負人がその材料又は指図が不適当であることを知りながら告げなかったときは，この限りでない。</td><td>（請負人の担保責任に関する規定の不適用）
第636条
　前2条の規定は，仕事の目的物の瑕疵が注文者の供した材料の性質又は注文者の与えた指図によって生じたときは，適用しない。ただし，請負人がその材料又は指図が不適当であることを知りながら告げなかったときは，この限りでない。</td></tr>
</table>

改正の要点

1）　旧法第 634 条第 1 項の削除について

　　旧法 634 条 1 項は，請負人の担保責任として注文者の瑕疵修補請求権を明記しつつ，瑕疵が重要でなくその修補に過分の費用を要するときはこれを認めないとしていた（逆に言えば，瑕疵が重要であればその修補に過分の費用を要しても瑕疵修補請求を認めていた）。請負人が瑕疵のない仕事を完成する義務を負うことは明らかであるから，売買とは異なり従前より請負人の担保責任は契約責任と解されていた。

　　ところが，今回の改正により，売買における売主の担保責任が契約責任とされて請負人の担保責任と同質なものとなり，目的物の修補等の買主の追完請求権が明記され（新民法 562 条 1 項），かつ，売買に関する規定を他の有償契約に準用する旨の規定は新民法においても維持された（559 条）。そのため，旧法 634 条 1 項本文は不要になったとして削除された。

　　また，瑕疵が重要であればどれだけ修補に過分の費用を要するときでも修補義務を免れないとするのは請負人の負担が過大となる場合が生じ得ることから，同項ただし書も併せて削除された。そのようなことから，「新法の下では，過分の費用を要するときは，修補は取引上の社会通念に照らして不能であると扱われ，履行不能に関する一般的な規定（新民法 412 条の 2 第 1 項）によって，請負人に修補を請求することはできないことになる」（一問一答341 頁注 1 ）とされている（もっとも，過分の程度によるのではないかとの疑問がないではない。）。なお，同様の見地から，「履行不能による損害賠償請求において，その過大な費用相当額を損害として賠償請求することもできない」とされている（同書同頁）。

2）　旧法第 634 条第 2 項の削除について

　　旧法 634 条 2 項前段は，請負人の担保責任につき注文者の損害賠償請求権を定め，瑕疵の修補に代えて，又はその修補とともに損害賠償を請求することができるとしていた。しかし，既に述べたとおり新民法では売主の担保責任に関する規定が準用されるので「第 415 条の規定による損害賠償請求……

を妨げない」(新民法564条) こととなる。それ故, 旧法634条2項前段は不要となり削除された。

　ところで, 新民法では, 債務の不履行による契約の解除権が発生したときに「債務の履行に代わる損賠賠償」を請求することができる (415条2項3号後段) とされ, 他方で債務不履行が軽微であるときは解除権が発生しないとされている (541条ただし書)。そこで, 請負における契約内容不適合が軽微であるときは解除権が発生せず, 415条2項 (特に3号) に該当しないこととなるので「修補に代わる損害賠償」を請求することができないのではないかとの疑問が生ずる。しかし, 同項は「不完全な履行がされたにとどまる場合の損害賠償請求権は射程に含んでいない」(一問一答76頁注2及び341頁注2参照) とされているので, 解除権が発生するかどうかに関係なく (不適合部分が軽微な場合でも), 修補に代わる損害賠償の請求は可能である。

　また, 解除権発生の前提となる催告も不要と解される。実際にも, 請負工事の不適合発生により当事者の信頼関係が失われる場合が多く, そのような場合に注文者が修補の催告をしなければ「修補に代わる損害賠償」を請求できないとするのは妥当とは言えない。それ故, 少なくとも「修補に代わる損害賠償」は同項の「履行に代わる損害賠償」には当たらないとするのが妥当である。

　なお, 旧法634条2項後段は, 損害賠償請求と代金支払が同時履行の関係に立つことを明記していたが, 売買に関する旧法571条を削除することとしたのと同様, 新民法533条の解釈・運用に委ねれば足りるとして, やはり削除された。規律内容は変わらない。

3) 旧法第635条の削除について

　旧法同条本文は, 仕事の目的物に瑕疵があり, そのために契約をした目的を達することができない場合に, 債務不履行解除の特則として請負人の帰責事由の有無にかかわらず解除権を認めていた。ところが, 今回の改正により債務不履行解除一般について債務者の帰責事由を要件としないことになり (新民法541条〜543条), 仕事の目的物が契約内容に適合しない場合には売買の規定 (新民法564条) が準用されて解除が可能であるので, この規定は

不要となり削除された。

　また，旧法同条ただし書は，目的物が建物等の土地工作物である場合は注文者による解除を認めないとしていた。しかし，現代においては土地工作物についてのみ特例を認める合理性がなく，かつ，判例（最判平成14. 9. 24判時1801号77頁）も建物の構造上重大な瑕疵があり建て替える他はなかった事案において「建替え費用相当額」を損害賠償額として認めていたことから実質的に解除を認めたものと解されていた。それ故，旧法同条ただし書きは削除された。ただし，契約目的達成に支障が生じない程度の不適合の場合は，軽微な不適合としてやはり解除は認められないことになろう。

4）第636条について

　本改正により，「瑕疵」概念の代わりに「契約内容不適合」概念が導入され，かつ，旧法634条が削除されたことに伴い，旧法636条の文言を改めたものであって，同条の実質的な規律内容に変更はない。

新民法条文	旧法条文
（目的物の種類又は品質に関する担保責任の期間の制限） 第637条　＜全面改正＞ 　1　前条本文に規定する場合において，注文者がその不適合を知った時から1年以内にその旨を請負人に通知しないときは，注文者は，その不適合を理由として，履行の追完の請求，報酬の減額の請求，損害賠償の請求及び契約の解除をすることができない。 　2　前項の規定は，仕事の目的物を注文者に引き渡した時（その引渡しを要しない場合にあっては，仕事が終了した時）において，請負人が同項の不適合を知り，又は重大な過失によって知らなかったときは，適用しない。	（請負人の担保責任の存続期間） 第637条 　1　前3条の規定による瑕疵の修補又は損害賠償の請求及び契約の解除は，仕事の目的物を引き渡した時から1年以内にしなければならない。 　2　仕事の目的物の引渡しを要しない場合には，前項の期間は，仕事が終了した時から起算する。

［削除］	第 638 条 　1　建物その他の土地の工作物の請負人は，その工作物又は地盤の瑕疵について，引渡しの後 5 年間その担保の責任を負う。ただし，この期間は，石造，土造，れんが造，コンクリート造，金属造その他これらに類する構造の工作物については，10年とする。 　2　工作物が前項の瑕疵によって滅失し，又は損傷したときは，注文者は，その滅失又は損傷の時から 1 年以内に，第 634 条の規定による権利を行使しなければならない。

改正の要点

1) 第 637 条について

　旧法 637 条は，請負人の担保責任につき目的物引渡時又は仕事完成時から原則として 1 年間という期間制限を定めており，買主が瑕疵を知ったときから 1 年間とする売主の担保責任（旧法 566 条 3 項）とは起算点を異にしていた。

　しかし，売買と請負は実際の取引において類似するところがあり，期間制限の趣旨（履行が終了したとの債務者の信頼の保護，長期間の経過により不適合の判定が困難となることの回避）も同様であることから，双方の起算点を異にすることに合理性は乏しい。注文者が瑕疵の存在を知らないまま 1 年が経過し担保責任の追及ができなくなるのは，注文者に酷な場合があるので，売買

に関する新民法566条と同様の内容に改めることにしたものである（詳しく
は同法566条の解説参照。）。ただし，請負人が引渡しのとき又は仕事が終了
したときに不適合を知り又は重過失により知らなかったときは，そのような
請負人を保護する必要はないのでこの期間制限は適用されない（第637条2
項）。

　なお，上記の通知を1年以内に行った場合は，追完請求権その他の権利が
発生し，これらの権利については消滅時効の一般原則が適用される。また，
当該通知は，売買と同様に，単に契約との不適合がある旨を抽象的に伝える
のみでは足りず，細目にわたるまでの必要はないものの，不適合の内容を把
握することが可能な程度に，不適合の種類・範囲を伝えることを想定してい
る（一問一答346頁注1）。

2）　旧法第638条の削除について

　旧法同条1項は，請負人の担保責任の存続期間を土地工作物については
引渡時から5年（木造建物等）又は10年（コンクリート建物等）としていた。
これは土地工作物については引渡しから相当期間経過後に瑕疵が発見される
場合も少なくないことによるものとされていた。

　しかし，上記1）のとおり，請負人の担保責任の期間制限が「不適合の事
実を知ったときから1年以内」（不適合を知らなければ引渡しからの期間を問わ
ず制限されない）とされる以上は，土地工作物についてのみ起算点及び期間
について特別な規定を設ける必要はないので，削除された。ただし，不適合
を知った時点がいつかについては紛争が生じやすいので，注意を要する。

　また，同条2項は，同条1項を前提とする規定であるので，これも削除さ
れた。

3）　住宅の品質確保の促進等に関する法律について

　特別法である同法94条は，住宅の新築工事の請負人の瑕疵担保責任に関
して，住宅のうち構造耐力上主要な部分又は雨水の浸入を防止する部分とし
て政令（同法施行令5条）で定めるものの瑕疵についての担保責任の存続期
間を，注文者に引き渡した時から10年間とする特則を定めている（強行規定。
同法97条により20年以内まで伸長可能。）。

第20 請 負

　これについては，旧法634条，同638条の各削除等に伴う形式的な改正がなされたのみで，実質的な規律内容に変更はない。

第21　委　任

新民法条文	旧法条文
（受任者の報酬） 第648条　＜一部改正＞ 　1　［改正なし］ 　2　［改正なし］ 　3　受任者は，次に掲げる場合には，既にした履行の割合に応じて報酬を請求することができる。 　(1)　委任者の責めに帰することができない事由によって委任事務の履行をすることができなくなったとき。 　(2)　委任が履行の中途で終了したとき。<hr>（成果等に対する報酬） 第648条の2　＜新設＞ 　1　委任事務の履行により得られる成果に対して報酬を支払うことを約した場合において，その成果が引渡しを要するときは，報酬は，その成果の引渡しと同時に，支払わなければならない。 　2　第634条（注文者が受ける利益の割合に応じた報酬）の規定は，委任事務の履行により得られる成果に対して報酬を支払うことを約した場合について準用する。	（受任者の報酬） 第648条 　1　受任者は，特約がなければ，委任者に対して報酬を請求することができない。 　2　受任者は，報酬を受けるべき場合には，委任事務を履行した後でなければ，これを請求することができない。ただし，期間によって報酬を定めたときは，第624条第2項の規定を準用する。 　3　委任が受任者の責めに帰することができない事由によって履行の中途で終了したときは，受任者は，既にした履行の割合に応じて報酬を請求することができる。

改正の要点

1）　第648条について

　　旧法同条3項は，委任が受任者の責めに帰することができない事由によっ

て履行の中途で終了したときに，受任者に既履行部分について報酬請求を認めていた。

　しかし，受任者の責めに帰すべき事由により委任事務の履行を続けることができなくなったとしても，それまで現に委任事務を履行した以上は，既履行部分の割合に応じた報酬請求を認めるのが合理的である。

　そこで，新民法648条3項は，①「委任者の責めに帰することができない事由によって委任事務の履行をすることができなくなったとき」（委任者の責めに帰すべき事由がある場合は，新民法536条2項の規定に従い，未履行部分も含めて報酬全額を請求することができる。）又は②「委任が履行の中途で終了したとき」に，既にした履行の割合に応じて報酬を請求することができることとした。

　なお，受任者が割合的な報酬を請求する場合には，委任者に帰責事由がないことについてまで受任者は主張立証をする必要はない（報酬全額を請求しようとする場合には，受任者は，委任者に帰責事由があることについて主張立証をする必要がある。）と解される（一問一答351頁注2）。

2）第648条の2について

　成果報酬の約定がある委任は請負に類似するので，この場合につき請負に準じた規律を追加することにしたものである。

　具体的には，本条1項は，成果報酬の約定がありかつその成果が引渡しを要する場合は，請負に関する民法633条（新民法で維持されている）に準じ，成果の引渡しと同時に報酬を支払わなければならないこととした。

　本条2項は，請負における一部報酬請求に関する新民法634条を，成果報酬の約定がある委任に準用することとした。

3）経過措置

　施行日前に締結された委任契約については，なお従前の例による（附則34条1項）。この経過措置は，以下に記載する委任に関する規定についても同様である。

新民法条文	旧法条文
（委任の解除） 第 651 条　＜一部改正＞ 　1　改正なし 　2　前項の規定により委任の解除をした者は，次に掲げる場合には，相手方の損害を賠償しなければならない。ただし，やむを得ない事由があったときは，この限りでない。 　(1)　相手方に不利な時期に委任を解除したとき。 　(2)　委任者が受任者の利益（専ら報酬を得ることによるものを除く。）をも目的とする委任を解除したとき。	（委任の解除） 第 651 条 　1　委任は，各当事者がいつでもその解除をすることができる。 　2　当事者の一方が相手方に不利な時期に委任の解除をしたときは，その当事者の一方は，相手方の損害を賠償しなければならない。ただし，やむを得ない事由があったときは，この限りでない。

改正の要点

　旧法 651 条は，信頼関係がなくなった当事者間において委任を継続させることは無意味であるから，任意解除を認め，解除により被る損害は金銭的に填補させる（やむを得ない事由があったときは填補すら不要）という趣旨であった。

　上記趣旨に鑑み，判例は，受任者の利益をも目的とする委任については，委任者からは原則として解除することはできないが，やむを得ない事由がある場合（最判昭和 40.12.17 集民 81 号 561 頁）の他，やむを得ない事由がなくても，委任者が解除権自体を放棄したものとはみなされない事情があるときは，委任者は委任を解除することができる（最判昭和 56.1.19 民集 35 巻 1 号 1 頁）としている。

　そこで，新民法 651 条 2 項 2 号は，これらの判例法理の趣旨を明文化し，かつ，委任が有償であるというだけでは受任者の利益をも目的とするものとは言えないという判例法理（最判昭和 58.9.20 判時 1100 号 55 頁）をも明文化した。

　具体的には，受任者の利益をも目的とする委任であっても委任者から解除す

ることができる反面，委任者は原則として受任者が被る損害を賠償しなければ
ならないとし，ただし，「報酬を得ること」はここでいう「受任者の利益」に
含まれないことを明記した。

　なお，「受任者の利益を目的とする」場合とは，例えば，債務者会社がその
経営を債権者会社の代表者に委任した事案において，その委任の目的として債
務者会社の経営再建を図ることで債権者会社の有する債権の回収を促進する目
的があった場合などが考えられる（一問一答354頁注1）。

　本改正により，実務の取扱が大きく変わることはないと思われる。

第22　寄　託

新民法条文	旧法条文
（寄託物受取り前の寄託者による寄託の解除等） 第657条の2　＜新設＞ 　1　寄託者は，受寄者が寄託物を受け取るまで，契約の解除をすることができる。この場合において，受寄者は，その契約の解除によって損害を受けたときは，寄託者に対し，その賠償を請求することができる。 　2　無報酬の受寄者は，寄託物を受け取るまで，契約の解除をすることができる。ただし，書面による寄託については，この限りでない。 　3　受寄者（無報酬で寄託を受けた場合にあっては，書面による寄託の受寄者に限る。）は，寄託物を受け取るべき時期を経過したにもかかわらず，寄託者が寄託物を引き渡さない場合において，相当の期間を定めてその引渡しの催告をし，その期間内に引渡しがないときは，契約の解除をすることができる。	なし

改正の要点

1）　第1項について

　　旧法では寄託契約は要物契約とされていたところ，新民法では寄託契約の要物性が見直されて諾成契約とされた。これに伴い，契約成立後であっても

寄託物を受け取る前であれば合意の拘束力を調整する仕組みが必要であることから，寄託物受け取り前には寄託者の解除権を広く認め，解除により被る損害は金銭的に賠償させることとしたものである。

2) 第2項について

　　書面によらない贈与と同様，寄託物受け取り前で書面によらない場合には，無報酬の受寄者についても広く解除権を認めたものである。

3) 第3項について

　　寄託契約が成立しているにもかかわらず，寄託者がいつまでも寄託物を引き渡さない場合に，受寄者の方が解除することができなくて，いつまでも受取義務に拘束され続ける不利益に配慮し，受寄者に引渡しについての催告権を与え，催告にもかかわらず引渡しがなければ受寄者は解除することができるとの規律を定めたものである。

4) 経過措置について

　　施行日前に締結された寄託契約については，なお従前の例による（附則34条1項）。この経過措置は，以下に記載する寄託に関する規定についても同様である。

新民法条文	旧法条文
（受寄者の通知義務） 第660条　＜1項はただし書を加え，2項及び3項は新設＞ 　1　寄託物について権利を主張する第三者が受寄者に対して訴えを提起し，又は差押え，仮差押え若しくは仮処分をしたときは，受寄者は，遅滞なくその事実を寄託者に通知しなければならない。ただし，寄託者が既にこれを知っているときは，この限りでない。 　2　第三者が寄託物について権利を主張する場合であっても，受寄者は，寄託者の指図がない限り，寄託者に対しその寄託	（受寄者の通知義務） 第660条 　寄託物について権利を主張する第三者が受寄者に対して訴えを提起し，又は差押え，仮差押え若しくは仮処分をしたときは，受寄者は，遅滞なくその事実を寄託者に通知しなければならない。

物を返還しなければならない。ただし，
受寄者が前項の通知をした場合又は同項
ただし書の規定によりその通知を要しな
い場合において，その寄託物をその第三
者に引き渡すべき旨を命ずる確定判決（確
定判決と同一の効力を有するものを含む。）
があったときであって，その第三者にそ
の寄託物を引き渡したときは，この限り
でない。

3　受寄者は，前項の規定により寄託者に
対して寄託物を返還しなければならない
場合には，寄託者にその寄託物を引き渡
したことによって第三者に損害が生じた
ときであっても，その賠償の責任を負わ
ない。

改正の要点

1）　**第1項について**

　本文において旧法660条と同様，受寄者の通知義務を定めるとともに，た
だし書において，賃貸借の場合と同様，寄託者が第三者の権利主張を知って
いた場合には受寄者の通知義務を免除することとした。

2）　**第2項について**

　第三者が寄託物について権利を主張をする場合であっても，第三者に確定
判決又は確定判決と同一の効力を有するものがない限り，寄託者に対し寄託
物を返還するという規律を新たに設けたものである。

3）　**第3項について**

　第三者が寄託物について権利を主張する場合であっても，前項に従い寄託
者に対して寄託物を返還した場合には，受寄者は権利主張する第三者に対し
て損害賠償責任を負わないことを明示して，受寄者の行うべき行為を明確に
した。

第23　組　合

新民法条文	旧法条文
（他の組合員の債務不履行） 第667条の2　＜新設＞ 　1　第533条（同時履行の抗弁権）及び第536条（債務者の危険負担等）の規定は，組合契約については，適用しない。 　2　組合員は，他の組合員が組合契約に基づく債務の履行をしないことを理由として，組合契約を解除することができない。	なし
（組合員の一人についての意思表示の無効等） 第667条の3　＜新設＞ 　組合員の一人について意思表示の無効又は取消しの原因があっても，他の組合員の間においては，組合契約は，その効力を妨げられない。	なし

改正の要点

　本各条は，組合契約に対する契約総則の規定や意思表示に関する民法総則の規定の適用関係について，これまでの解釈を踏まえ，組合契約の性格に即した規定を整備すべきとの考え方から明文化したものである。

　なお，施行日前に締結された組合契約については，なお従前の例による（附則34条1項）。この経過措置は，以下に記載する組合に関する規定についても同様である。

新民法条文	旧法条文
（業務の決定及び執行の方法）　＜全面改正＞ 第670条 　1　組合の業務は，組合員の過半数をもって決定し，各組合員がこれを執行する。 　2　組合の業務の決定及び執行は，組合契約の定めるところにより，一人又は数人の組合員又は第三者に委任することができる。 　3　前項の委任を受けた者（以下「業務執行者」という。）は，組合の業務を決定し，これを執行する。この場合において，業務執行者が数人あるときは，組合の業務は，業務執行者の過半数をもって決定し，各業務執行者がこれを執行する。 　4　前項の規定にかかわらず，組合の業務については，総組合員の同意によって決定し，又は総組合員が執行することを妨げない。 　5　組合の常務は，前各項の規定にかかわらず，各組合員又は各業務執行者が単独で行うことができる。ただし，その完了前に他の組合員又は業務執行者が異議を述べたときは，この限りでない。	（業務の執行の方法） 第670条 　1　組合の業務の執行は，組合員の過半数で決する。 　2　前項の業務の執行は，組合契約でこれを委任した者（次項において「業務執行者」という。）が数人あるときは，その過半数で決する。 　3　組合の常務は，前二項の規定にかかわらず，各組合員又は各業務執行者が単独で行うことができる。ただし，その完了前に他の組合員又は業務執行者が異議を述べたときは，この限りでない。
（組合の代理） 第670条の2　＜新設＞ 　1　各組合員は，組合の業務を執行する場合において，組合員の過半数の同意を得たときは，他の組合員を代理することができる。 　2　前項の規定にかかわらず，業務執行者があるときは，業務執行者のみが組合員	なし

を代理することができる。この場合にお
いて，業務執行者が数人あるときは，各
業務執行者は，業務執行者の過半数の同
意を得たときに限り，組合員を代理する
ことができる。
3　前2項の規定にかかわらず，各組合員
又は各業務執行者は，組合の常務を行う
ときは，単独で組合員を代理することが
できる。

改正の要点

　本各条は，組合の意思を決定し，実行することと，対外的に法律行為を行う
こととを区別し，それぞれについて分かりやすい規定を置くべきであるという
考え方から明文化したものである。

　なお，第670条の2については，組合は法人格を持たないことから，組合が
第三者と法律行為を行うためには，代理の形式を用いざるを得ないところ，民
法には組合代理についての規定を特に設けていないため，通説的な解釈を明文
化したものである。

新民法条文	旧法条文
（組合の債権者の権利の行使） 第675条　＜全面改正＞ 　1　組合の債権者は，組合財産についてその権利を行使することができる。 　2　組合の債権者は，その選択に従い，各組合員に対して損失分担の割合又は等しい割合でその権利を行使することができる。ただし，組合の債権者がその債権の発生の時に各組合員の損失分担の割合を知っていたときは，その割合による。	（組合員に対する組合の債権者の権利の行使） 第675条 　組合の債権者は，その債権の発生の時に組合員の損失分担の割合を知らなかったときは，各組合員に対して等しい割合でその権利を行使することができる。

（組合員の持分の処分及び組合財産の分割） 第 676 条　＜一部改正＞ 　1　組合員は，組合財産についてその持分を処分したときは，その処分をもって組合及び組合と取引した第三者に対抗することができない。 　2　<u>組合員は，組合財産である債権について，その持分についての権利を単独で行使することができない。</u> 　<u>3</u>　組合員は，清算前に組合財産の分割を求めることができない。	（組合員の持分の処分及び組合財産の分割） 第 676 条 　1　組合員は，組合財産についてその持分を処分したときは，その処分をもって組合及び組合と取引した第三者に対抗することができない。 　2　組合員は，清算前に組合財産の分割を求めることができない。
（組合財産に対する組合員の債権者の権利の行使の禁止） 第 677 条　＜全面改正＞ 　組合員の債権者は，組合財産についてその権利を行使することができない。	（組合の債務者による相殺の禁止） 第 677 条 　組合の債務者は，その債務と組合員に対する債権とを相殺することができない。

改正の要点

　本各条は，組合では組合財産は総組合員の共有に属すると規定されているものの，物権編の「共有」とは異なり，組合員個人の財産から独立した性質を有すると解されており，このような組合財産の独立性，組合財産に属する債権，組合債務に関する通説的な解釈を明文化したものである。

新民法条文	旧法条文
（組合員の加入） 第 677 条の 2　＜新設＞ 　1　組合員は，その全員の同意によって，又は組合契約の定めるところにより，新	なし

たに組合員を加入させることができる。 　2　前項の規定により組合の成立後に加入した組合員は，その加入前に生じた組合の債務については，これを弁済する責任を負わない。	
（脱退した組合員の責任等） 第680条の2　＜新設＞ 　1　脱退した組合員は，その脱退前に生じた組合の債務について，従前の責任の範囲内でこれを弁済する責任を負う。この場合において，債権者が全部の弁済を受けない間は，脱退した組合員は，組合に担保を供させ，又は組合に対して自己に免責を得させることを請求することができる。 　2　脱退した組合員は，前項に規定する組合の債務を弁済したときは，組合に対して求償権を有する。	なし

改正の要点

　本各条は，学説で認められてきた組合員の加入及び組合員の脱退について明文化したものである。

新民法条文	旧法条文
（組合の解散事由） 第682条　＜全面改正＞ 　組合は，次に掲げる事由によって解散する。 　(1)　組合の目的である事業の成功又はその成功の不能 　(2)　組合契約で定めた存続期間の満了 　(3)　組合契約で定めた解散の事由の発生	（組合の解散事由） 第682条 　組合は，その目的である事業の成功又はその成功の不能によって解散する。

(4)　総組合員の同意

改正の要点

　本条は，旧法で規定されている解散事由のほかに，これまでの解釈で認められてきた事由を追加すべきであるとの考え方から，2号から4号までにおいてこれを明文化したものである。

経過措置一覧表

【項目名】 （経過措置）	【新民法附則の条文】	【基準時】 下記時点が施行日前であれば旧法が適用され，以後であれば新法が適用される。ただし，下記時点が施行日以後に生じても旧法が適用される場合がある（下記のただし書き参照）。	【立法趣旨・注意点】
施行期日	第1条 　この法律は，公布の日から起算して3年を超えない範囲内において政令で定める日から施行する。ただし，次の各号に掲げる規定は，当該各号に定める日から施行する (1)　附則37条の規定　公布の日 (2)　附則第33条第3項の規定　公布の日から起算して1年を超えない範囲内において政令で定める日 (3)　附則第21条第2項及び第3項の規定　公布の日から起算して2年9月を超えない範囲内において政令で定める日		大幅な改正であるため，公布日から施行日までの期間を比較的長期とした。本条第2号の改令で定めた日は「2018年4月1日」である。
意思能力	第2条 　この法律による改正後の民法（以下「新法」という。）第3条の2の規定は，この法律の施行の日（以下「施行日」という。）前にされた意思表示については，適用しない。	意思表示時	当事者の予測可能性を保護する観点から，原則的には意思表示時，（法律）行為時，契約締結時又は債権発生時を基準とする

			（以下同じ場合は特に記載しない）。
行為能力	第3条 　施行日前に制限行為能力者（新法第13条第1項第10号に規定する制限行為能力者をいう。以下この条において同じ。）が他の制限行為能力者の法定代理人としてした行為については，同項及び第102条の規定にかかわらず，なお従前の例による。	制限行為能力者の代理行為時	
無記名債権	第4条 　施行日前に生じたこの法律による改正前の民法（以下「旧法」という。）第86条第3項に規定する無記名債権（その原因である法律行為が施行日前にされたものを含む。）については，なお従前の例による。	無記名債権の発生時。ただし，施行日以後に無記名債権が生じた場合であって，その原因である法律行為が施行日前にされたときは旧法を適用	
公序良俗	第5条 　施行日前にされた法律行為については，新法第90条の規定にかかわらず，なお従前の例による。	法律行為時	
意思表示	第6条 1　施行日前にされた意思表示については，新法第93条，第95条，第96条第2項及び第3項並びに第98条の2の規定にかかわらず，なお従前の例による。	意思表示時	施行日前に瑕疵ある意思表示を前提として法律関係を形成した場合も含む
	2　施行日前に意思表示の通知が発せられた場合については，新法第97条の規定にかかわ	意思表示時（施行日前に意思表示の通知が発せ	

	らず，なお従前の例による。	られた場合を含む)	
代理	第7条 1　施行日前に代理権の発生原因が生じた場合（代理権授与の表示がされた場合を含む。）におけるその代理については，附則第3条に規定するもののほか，なお従前の例による。	代理権の発生原因時（代理権授与の表示がされた場合を含む)	法定代理を含む
	2　施行日前に無権代理人が代理人として行為をした場合におけるその無権代理人の責任については，新法第117条（新法第118条において準用する場合を含む。）の規定にかかわらず，なお従前の例による。	無権代理行為時	
無効及び取消し	第8条 1　施行日前に無効な行為に基づく債務の履行として給付がされた場合におけるその給付を受けた者の原状回復の義務については，新法第121条の2（新法872条第2項において準用する場合を含む。）の規定にかかわらず，なお従前の例による。	無効な行為に基づく債務の履行としての給付時	
	2　施行日前に取り消すことができる行為がされた場合におけるその行為の追認（法定追認を含む。）については，新法第122条,第124条及び第125条(これらの規定を新法第872条第2項において準用する場合を含む。）の規定にかかわらず，なお従前の例による。	取り消すことができる行為がされた時	

条件及び期限	第9条　新法第130条第2項の規定は，施行日前にされた法律行為について，適用しない。	法律行為時	
時効	第10条 1　施行日前に債権が生じた場合（施行日以後に債権が生じた場合であって，その原因である法律行為が施行日前にされたときを含む。以下同じ。）におけるその債権の消滅時効の援用については，新法第145条の規定にかかわらず，なお従前の例による。	債権の発生時。ただし，施行日以後に債権が生じた場合であって，その原因である法律行為が施行日前にされたときは旧法を適用	同附則括弧書きに「以下同じ」とあるので，本条以下において「施行日前に債権が生じた場合」と規定されているときには，その原因である法律行為が施行日前にされたときを含む趣旨である
	2　施行日前に旧法第147条に規定する時効の中断の事由又は旧法第158条から第161条までに規定する時効の停止の事由が生じた場合におけるこれらの事由の効力については，なお従前の例による。	中断又は停止事由の発生時	施行日前に発生した債権であっても，時効期間が経過していなければ，更新・完成猶予の規定が適用される
	3　新法第151条の規定は，施行日前に権利についての協議を行う旨の合意が書面でされた場合（その合意の内容を記録した電磁的記録（新法第151条第4項に規定する電磁的記録をいう。附則第33条第2項において同じ。）によってされた場合を含む。）におけるその合意については，適用しない。	協議による時効完成猶予の合意が書面でされた時	合意が電磁的記録によってされた場合を含む
	4　施行日前に債権が生じた場合におけるその債権の消滅時	債権の発生時。ただし，施行日	附則10条1項括弧書き参照。不法

	効の期間については，なお従前の例による。	以後に債権が生じた場合であって，その原因である法律行為が施行日前にされたときは旧法を適用	行為による損害賠償請求権の場合（附則35条）と異なる経過措置となっている。
債権を目的とする質権の対抗要件	第11条　施行日前に設定契約が締結された債権を目的とする質権の対抗要件については，新法第364条の規定にかかわらず，なお従前の例による。	設定契約時	
指図債権	第12条　施行日前に生じた旧法第365条に規定する指図債権（その原因である法律行為が施行日前にされたものを含む）については，なお従前の例による。	指図債権の発生時。ただし，施行日以後に指図債権が生じた場合であって，その原因である法律行為が施行日前にされたときは旧法を適用	
根抵当権	第13条　1　施行日前に設定契約が締結された根抵当権の被担保債権の範囲については，新法第398条の2第3項及び第398条の3第2項の規定にかかわらず，なお従前の例による。	設定契約時	
	2　新法第398条の7第3項の規定は，施行日前に締結された債務の引受けに関する契約については，適用しない。	債務引受の契約時	
	3　施行日前に締結された更改の契約に係る根抵当権の移転	更改契約時	

	については，新法第398条の7第4項の規定にかかわらず，なお従前の例による。		
債権の目的	第14条 　施行日前に債権が生じた場合におけるその債務者の注意義務については，新法第400条の規定にかかわらず，なお従前の例による。	債権の発生時。ただし，施行日以後に債権が生じた場合であって，その原因である法律行為が施行日前にされたときは旧法を適用	
法定利率	第15条 1　施行日前に利息が生じた場合におけるその利息を生ずべき債権に係る法定利率については，新法第404条の規定にかかわらず，なお従前の例による。	利息発生時	
	2　新法第404条第4項の規定により法定利率に初めて変動があるまでの各期における同項の規定の適用については，同項中「この項の規定により法定利率に変動があった期のうち直近のもの（以下この項において「直近変動期」という。）」とあるのは「民法の一部を改正する法律（平成29年法律第44号）の施行後最初の期」と，「直近変動期における法定利率」とあるのは「年3パーセント」とする。		改正後の最初の法定利率の変動に関する規定
選択債権の不能による	第16条 　施行日前に債権が生じた場合	債権の発生時。ただし，施行日	附則10条1項括弧書き参照

特定	における選択債権の不能による特定については，新法第410条規定にかかわらず，なお従前の例による。	以後に債権が生じた場合であって，その原因である法律行為が施行日前にされたときは旧法を適用	
債務不履行の責任等	第17条 1　施行日前に債務が生じた場合（施行日以後に債務が生じた場合であって，その原因である法律行為が施行日前にされたときを含む。附則第25条第1項において同じ。）におけるその債務不履行の責任等については，新法第412条第2項，第412条の2から第413条の2まで，第415条，第416条第2項，第418条及び第422条の2の規定にかかわらず，なお従前の例による。	債務の発生時。ただし，施行日以後に債務が生じた場合であって，その原因である法律行為が施行日前にされたときは旧法を適用	同附則の括弧書きに「以下同じ。」とあるので，本条以降の「施行日前に債務が生じた場合」にはその債務が発生する原因である法律行為が施行日前にされた場合が含まれる
	2　新法第417条の2（新法第722条第1項において準用する場合を含む。）の規定は，施行日前に生じた将来において取得すべき利益又は負担すべき費用についての損害賠償請求権については，適用しない。	将来において取得すべき利益又は負担すべき費用についての損害賠償請求権の発生時	
	3　施行日前に債務者が遅滞の責任を負った場合における遅延損害金を生ずべき債権に係る法定利率については，新法第419条第1項の規定にかかわらず，なお従前の例による。	遅滞の責任を負った時	

	4　施行日前にされた旧法第420条第1項に規定する損害賠償の額の予定に係る合意及び旧法第421条に規定する金銭でないものを損害の賠償に充てるべき旨の予定に係る合意については，なお従前の例による。	合意時	
債権者代位権	第18条 1　施行日前に旧法第423条第1項に規定する債務者に属する権利が生じた場合におけるその権利に係る債権者代位権については，なお従前の例による。	債務者に属する権利（被代位権利）が生じた時	これには，被代位権利の発生原因となった法律行為が施行日前にされた場合は含まれない
	2　新法第423条の7の規定は，施行日前に生じた同条に規定する譲渡人が第三者に対して有する権利については，適用しない。	同上	同上
詐害行為取消権	第19条 　施行日前に旧法第424条第1項に規定する債務者が債権者を害することを知ってした法律行為がされた場合におけるその行為に係る詐害行為取消権については，なお従前の例による。	詐害行為時	
不可分債権，不可分債務，連帯債権及び連帯債務	第20条 1　施行日前に生じた旧法第428条に規定する不可分債権（その原因である法律行為が施行日前にされたものを含む。）については，なお従前の例による。	不可分債権の発生時。ただし，施行日以後に不可分債権が生じた場合であって，その原因である法律行為が施行日前にされたと	

		きは旧法を適用	
	2 施行日前に生じた旧法第430条に規定する不可分債務及び旧法第432条に規定する連帯債務（これらの原因である法律行為が施行日前にされたものを	連帯債務の発生時。ただし，施行日以後に連帯債務が生じた場合であって，その原因である法律行為が施行日前にされたときは旧法を適用	
	3 新法432条から第435条の2までの規定は，施行日前に生じた新法第432条に規定する債権（その原因である法律行為が施行日前にされたものを含む。）については，適用しない。	連帯債権の発生時。ただし，施行日以後に連帯債権が生じた場合であって，その原因である法律行為が施行日前にされたときは旧法を適用	
保証債務	第21条 1 施行日前に締結された保証契約に係る保証債務については，なお従前の例による。	保証契約締結時	
	2 保証人になろうとする者は，施行日前においても，新法第465条の6第1項（新法第465条の8第1項において準用する場合を含む。）の公正証書の作成を嘱託することができる。		公正証書は2020年3月1日から作成の嘱託ができる（附則1条3号）。
	3 公証人は，前項の規定による公正証書の作成の嘱託があった場合には，施行日前においても，新法第465条の6第2項及び465条の7（これ		公証人は施行日前でも公正証書を作成できる。ただし，公布の日から起算して2年9月を超

	らの規定を新法第465条の8第1項において準用する場合を含む。）の規定の例により，その作成をすることができる		えない範囲内において政令で定めた日以降（附則1条3号）。
債権の譲渡	第22条 　施行日前に債権の譲渡の原因である法律行為がされた場合におけるその債権の譲渡については，新法第466条から第469条までの規定にかかわらず，なお従前の例による。	債権の譲渡の原因である法律行為の時	
債務の引受け	第23条 　新法第470条から472条の4までの規定は，施行日前に締結された債務の引受けに関する契約については，適用しない。	債務の引受け契約時	
記名式所持人払債権	第24条 　施行日前に生じた旧法第471条に規定する記名式所持人払債権（その原因である法律行為が施行日前にされたものを含む。）については，なお従前の例による。	記名式所持人払債権の発生時。ただし，施行日以後に記名式所持人払債権が生じた場合であって，その原因である法律行為が施行日前にされたときは旧法を適用	
弁済	第25条 1　施行日前に債務が生じた場合におけるその債務の弁済については，次項に規定するもののほか，なお従前の例による。	債務の発生時。ただし，施行日以後に債務が生じた場合であって，その原因である法律行為が施行日前にされたときは旧法を	附則17条1項括弧書き参照

		適用	
	2 施行日前に弁済がされた場合におけるその弁済の充当については，新法第488条から第491条までの規定にかかわらず，なお従前の例による。	弁済時	
相殺	第26条 1 施行日前にされた旧法第505条第2項に規定する意思表示については，なお従前の例による。	相殺禁止の意思表示時	
	2 施行日前に債権が生じた場合におけるその債権を受働債権とする相殺については，新法第509条の規定にかかわらず，なお従前の例による。	受働債権の発生時。ただし，施行日以後に受働債権が生じた場合であって，その原因である法律行為が施行日前にされたときは旧法を適用	附則10条1項括弧書き参照
	3 施行日前の原因に基づいて債権が生じた場合におけるその債権を自働債権とする相殺（差押えを受けた債権を受働債権とするものに限る）については，新法第511条の規定にかかわらず，なお従前の例による。	自働債権の原因発生時	
	4 施行日前に相殺の意思表示がされた場合における相殺の充当については，新法第512条及び第512条の2の規定にかかわらず，なお従前の例による。	相殺の意思表示時	

更改	第27条 施行日前に旧法第513条に規定する更改の契約が締結された更改については，なお従前の例による。	更改の契約締結時	
有価証券	第28条 新法第520条の2から第520条の20までの規定は，施行日前に発行された証券については，適用しない。	有価証券の発行時	
契約の成立	第29条 1 施行日前に契約の申込みがされた場合におけるその申込み及びこれに対する承諾については，なお従前の例による。	申込時	
	2 施行日前に通知が発せられた契約の申込みについては，新法第526条の規定にかかわらず，なお従前の例による。	申込みの通知の発信時	
	3 施行日前にされた懸賞広告については，新法第529条から第530条までの規定にかかわらず，なお従前の例による。	懸賞広告時	
契約の効力	第30条 1 施行日前に締結された契約に係る同時履行の抗弁及び危険負担については，なお従前の例による。	契約締結時	
	2 新法第537条第2項及び第538条第2項の規定は，施行日前に締結された第三者のためにする契約については，適用しない。	契約締結時	

契約上の地位の移転	第31条 　新法第539条の2の規定は，施行日前にされた契約上の地位を譲渡する旨の合意については，適用しない。	譲渡の合意時	
契約の解除	第32条 　施行日前に契約が締結された場合におけるその契約の解除については，新法第541条から第543条まで，第545条第3項及び第548条の規定にかかわらず，なお従前の例による。	契約締結時	
定型約款	第33条 1　新法第548条の2から第548条の4までの規定は，施行日前に締結された定型取引（新法第548条の2第1項に規定する定型取引をいう。）に係る契約についても，適用する。ただし，旧法の規定によって生じた効力を妨げない。		新法を適用する（旧法のもとでは定型約款の要件及び変更の可否について不明な部分があるため）。ただし，旧法の規定によって生じた効力を妨げない
	2　前項の規定は，同項に規定する契約の当事者の一方（契約又は法律の規定により解除権を現に行使することができる者を除く。）により反対の意思の表示が書面でされた場合（その内容を記録した電磁的記録によってされた場合を含む。）には，適用しない。		旧法下の定型約款に新法が適用されることについて書面により反対の意思を表示することにより，定型約款の拘束力からの離脱を認めた。ただし，解除権を行使できる者は解除権行使により離脱すべきとした（定型約款準備者による画一的な契約管理

			ができるようにするため)。なお,解除に伴い損害賠償義務が課せられている場合でも,解除権を有する者に当たるとした。
	3　前項に規定する反対の意思の表示は,施行日前にしなければならない		前項の反対の意思表示は,2018年4月1日から施行日までの間にしなければならない(附則第1条2号参照)
贈与等 (注)売買,消費貸借,請負,賃貸借等も含む	第34条 1　施行日前に贈与,売買,消費貸借(旧法第589条に規定する消費貸借の予約を含む。),使用貸借,賃貸借,雇用,請負,委任,寄託又は組合の各契約が締結された場合におけるこれらの契約及びこれらの契約に付随する買戻しその他の特約については,なお従前の例による。	契約締結時	
	2　前項の規定にかかわらず,新法第604条第2項の規定は,施行日前に賃貸借契約が締結された場合において施行日以後にその契約の更新にかかる合意がされるときにも適用する。		契約締結日が施行日前であっても,施行日以後にその契約の更新に係る合意がされるときには新法を適用する。更新後は50年まで長期化できる

	3　第1項の規定にかかわらず，新法第605条の4の規定は，施行日前に不動産の賃貸借契約が締結された場合において施行日以後にその不動産の占有を第三者が妨害し，又はその不動産を第三者が占有しているときにも適用する。		施行日前に不動産の賃貸借契約が締結された場合でも，施行日以後にその不動産の占有を第三者が妨害し，又はその不動産を第三者が占有しているときには新法を適用する（不動産の占有の妨害行為をできる限り排除するため）
不法行為等	第35条 1　旧法第724条後段（旧法第934条第3項（旧法第936条第3項，第947条第3項，第950条第2項及び第957条第2項において準用する場合を含む。）において準用する場合を含む。）に規定する期間がこの法律の施行の際既に経過していた場合におけるその期間の制限については，なお従前の例による。		旧724条後段の20年の期間が，この法律の施行の際既に経過していた場合は新法を適用しないが，いまだ経過していなければ新法を適用する（不法行為による被害者をできる限り新法により保護するため）
	2　新法第724条の2の規定は，不法行為による損害賠償請求権の旧法第724条前段に規定する時効がこの法律の施行の際既に完成していた場合については，適用しない。		旧724条前段に規定する時効（主観的起算点から3年）がこの法律の施行の際既に完成していた場合については新法を適用しないが，いまだ時効が完成していない場合は新法を適用する（不法行

			為により生命・身体を侵害された被害者をできる限り新法により保護するため)
遺言執行者の復任権及び報酬	第36条 1　施行日前に遺言執行者となった者の旧法第1016条第2項において準用する旧法第105条に規定する責任については，なお従前の例による。	遺言執行者就任時	
	2　施行日前に遺言執行者となった者の報酬については，新法第1018条第2項において準用する新法第648条第3項及び第648条の2の規定にかかわらず，なお従前の例による。	遺言執行者就任時	
政令への委任	第37条 　この附則に規定するもののほか，この法律の施行に関し必要な経過措置は，政令で定める。		

民法の一部を改正する法律案に対する附帯決議（参議院）

政府は，本法の施行に当たり，次の事項について格段の配慮をすべきである。

一　情報通信技術の発達や高齢化の進展を始めとした社会経済状況の変化による契約被害が増加している状況を踏まえ，他人の窮迫，軽率又は無経験を利用し，著しく過当な利益を獲得することを目的とする法律行為，いわゆる「暴利行為」は公序良俗に反し無効であると規定することについて，本法施行後の状況を勘案し，必要に応じ対応を検討すること。

二　職業別の短期消滅時効等を廃止することに伴い，書面によらない契約により生じた少額債権に係る消滅時効について，本法施行後の状況を勘案し，必要に応じ対応を検討すること。

三　法定利率が変動した場合における変動後の法定利率の周知方法について，本法施行後の状況を勘案し，必要に応じた対応を検討すること。

四　中間利息控除に用いる利率の在り方について，本法施行後の市中金利の動向等を勘案し，必要に応じ対応を検討すること。

五　個人保証人の保護の観点から，以下の取組を行うこと。

　　1　いわゆる経営者等以外の第三者による保証契約について，公証人による保証人になろうとする者の意思確認の手続を求めることとした趣旨を踏まえ，保証契約における軽率性や情義性を排除することができるよう，公証人に対しその趣旨の周知徹底を図るとともに，契約締結時の情報提供義務を実効的なものとする観点から，保証意思宣明公正証書に記載すること等が適切な事項についての実務上の対応について検討すること。

　　2　保証意思宣明公正証書に執行認諾文言を付し，執行証書とすることはできないことについて，公証人に対し十分に注意するよう周知徹底するよう努めること。

　　3　個人保証の制限に関する規定の適用が除外されるいわゆる経営者等のうち，代表権のない取締役等及び「主たる債務者が行う事業に現に従事している主たる債務者の配偶者」については，本法施行後の状況を勘案し，必要に応じ対応を検討すること。

　　4　我が国社会において，個人保証に依存し過ぎない融資慣行の確立は極めて重要なものであることを踏まえ，個人保証の一部について禁止をする，保証人の責任制限の明文化をする等の方策を含め，事業用融資に係る保証の在り方について，本法施行後の状況を勘案し，必要に応じ対応を検討すること。

六　譲渡禁止特約債権の譲渡を認めることについては，資金調達の拡充にはつながらないのではないかという懸念や，想定外の結果が生じ得る可能性があることを踏まえ，更に幅広い議論を行い，懸念等を解消するよう努めること。

七　定型約款について，以下の事項について留意すること。

　　1　定型約款に関する規定のうち，いわゆる不当条項及び不意打ち条項の規制の在り方について，本法施行後の取引の実情を勘案し，消費者保護の観点を踏まえ，必要に応じ対応を検討すること。

　　2　定型約款準備者が定型約款における契約条項を変更することができる場合の合理性の要件について，取引の実情を勘案し，消費者保護の観点を踏まえ，適切に解釈，運用されるよう努めること。

八　諾成的消費貸借における交付前解除又は消費貸借における期限前弁済の際に損害賠償請求をすることができる旨の規定は，損害が現実に認められる場合についての規定であるところ，金銭消費貸借を業として行う者については，資金を他へ転用する可能性が高いことを踏まえれば，基本的に損害は発生し難いと考えられるから，その適用場面は限定的であることを，弱者が不当に被害を受けることを防止する観点から，借手側への手厚い周知はもちろん，貸手側にも十分に周知徹底を図ること。

九　諾成的消費貸借における交付前解除又は消費貸借における期限前弁済の際に損害賠償請求をすることができる旨の規定については，本法施行後の状況を踏まえ，必要に応じ対応を検討すること。

十　消滅時効制度の見直し，法定利率の引下げ，定型約款規定の創設，また，個人保証契約に係る実務の大幅な変更など，今回の改正が，国民各層のあらゆる場面と密接に関連し，重大な影響を及ぼすものであることから，国民全般，事業者，各種関係公的機関，各種の裁判外紛争処理機関及び各種関係団体に早期に浸透するよう，積極的かつ細やかな広報活動を行い，その周知徹底に努めること。

十一　公証人の果たす役割が今後更に重要となることに鑑み，本法施

　行後の状況も踏まえつつ，公証人及び公証役場の透明化及び配置の
　適正化，公証役場の経営状況の把握，民間等多様な人材の登用等，
　公証制度が国民に更に身近で利用しやすいものとなるよう努めるこ
　と。
十二　消費者契約法その他の消費者保護に関する法律について検討を
　加え，その結果に基づいて所要の措置を講ずること。

右決議する。

民法の一部を改正する法律案に対する附帯決議（衆議院）

政府は，本法の施行に当たり，次の事項について格段の配慮をすべきである。

一　他人の窮迫，軽率又は無経験を利用し，著しく過当な利益を獲得することを目的とする法律行為，いわゆる「暴利行為」は公序良俗に反し無効であると明示することについて，本法施行後の状況を勘案し，必要に応じ対応を検討すること。

二　職業別の短期消滅時効等を廃止することに伴い，書面によらない契約により生じた少額債権に係る消滅時効について，本法施行後の状況を勘案し，必要に応じ対応を検討すること。

三　中間利息控除に用いる利率の在り方について，本法施行後の市中金利の動向等を勘案し，必要に応じ対応を検討すること。

四　個人保証人の保護の観点から，以下の事項について留意すること。

　1　いわゆる経営者等以外の第三者による保証契約について，公証人による保証人になろうとする者の意思確認の手続を求めることとした趣旨を踏まえ，保証契約における軽率性や情義性を排除することができるよう，公証人に対しその趣旨の周知徹底を図るとともに，契約締結時の情報提供義務を実効的なものとする観点から，保証意思宣明公正証書に記載すること等が適切な事項についての実務上の対応について検討すること。

　2　保証意思宣明公正証書に執行認諾文言を付し，執行証書とすることはできないことについて，公証人に対し十分に注意するよう周知徹底するよう努めること。

　3　個人保証の制限に関する規定の適用が除外されるいわゆる経営者等のうち，代表権のない取締役等及び「主たる債務者が行う事業に現に従事している主たる債務者の配偶者」については，本法施行後の状況を勘案し，必要に応じ対応を検討すること。

　4　我が国社会において，個人保証に依存し過ぎない融資慣行の確立は極めて重要なものであることを踏まえ，事業用融資に係る保証の在り方について，本法施行後の状況を勘案し，必要に応じ対応を検討すること。

五　定型約款について，以下の事項について留意すること。

1　定型約款に関する規定のうち，いわゆる不当条項及び不意打ち条項の規制の在り方について，本法施行後の取引の実情を勘案し，消費者保護の観点を踏まえ，必要に応じ対応を検討すること。

2　定型約款準備者が定型約款における契約条項を変更することができる場合の合理性の要件について，取引の実情を勘案し，消費者保護の観点を踏まえ，適切に解釈，運用されるよう努めること。

六　消滅時効制度の見直し，法定利率の引下げ，定型約款規定の創設，また，個人保証契約に係る実務の大幅な変更など，今回の改正が，国民各層のあらゆる場面と密接に関連し，重大な影響を及ぼすものであることから，国民全般に早期に浸透するよう，積極的かつ細やかな広報活動を行い，その周知徹底に努めること。

あ と が き

　本書は，「新民法の内容を分かりやすく，しかも正確に伝える」ことを目的
として作成した解説書です。コンパクトですが，これまでに多くの議論があっ
た重要論点を網羅し，条文を読んだだけでは理解しがたい改正の背景事情に
遡った解説を加えています。

　「100 年に一度の大改正」と謳われるとおり，今般の民法改正は改正箇所が
膨大であり，その全てを理解することは容易ではありません。新民法の内容を
理解するには，その「勘どころ」を摑むのが一番の近道であろうと思います。
本書は，プロジェクトチームで 7 年間にわたり，様々な分野で活躍する弁護士
が一堂に会して議論を重ね，「勘どころ」を抽出した成果となっています。

　新民法の基本理念である「今日の，そしてこれからの社会の実情にあった民
法」「分かりやすい・透明性の高い民法」を正しく理解して頂くために，本書
をご活用頂けますことを，執筆者一同切に望むところです。

　末筆になりますが，本書の刊行までにご尽力を頂いた方々（特に，信山社の
袖山貴様と稲葉文子様，法曹親和会の歴代執行部の皆様，そして戸部秀明初代座長
をはじめとする歴代プロジェクトチームメンバーの皆様）に，厚く御礼を申し上げ
ます。

　2020 年 2 月

東京弁護士会法曹親和会
民法改正プロジェクトチーム

編集代表・弁護士　伊 藤　　元

新民法（債権法）の要点解説
【新旧条文対照表付】

2020（令和2）年2月25日　第1刷発行
7059：P200 ¥1600-012-010-005

編　者　　法 曹 親 和 会
発行者　　今井 貴 稲葉文子
発行所　　株式会社 信 山 社
編集第2部
〒113-0033　東京都文京区本郷 6-2-9-102
Tel 03-3818-1019　Fax 03-3818-0344
info@shinzansha.co.jp
笠間才木支店　〒309-1611 茨城県笠間市笠間 515-3
Tel 0296-71-9081　Fax 0296-71-9082
笠間来栖支店　〒309-1625 茨城県笠間市来栖 2345-1
Tel 0296-71-0215　Fax 0296-72-5410
出版契約 No.2020-7059-4-01011 Printed in Japan

児玉隆晴 著

もっとやさしく
役に立つ新民法

契約ルールは，市民・企業のために
どう改正されたか

信山社